El escarabajo de oro y otros cuentos

El escarabajo de oro y otros cuentos

Edgar Allan Poe

EL PAIS

AVENTURAS

Título original: *The Gold Bug*, *The Murders in the Rue Morgue*, *The Mystery of Marie Rogêt*, *The Purloined Letter*

© Santillana Ediciones Generales, S. L.

© De la traducción:

Julio Gómez de la Serna

© De esta edición:

2004, Diario EL PAÍS, S. L.

Miguel Yuste, 40

28037 Madrid

Traducción: Julio Gómez de la Serna

Diseño de la colección: Manuel Estrada

ISBN: 84-96246-28-0

Depósito legal: M-388-2004

Impreso en España por Mateu Cromo, S. A., Pinto (Madrid)

Índice

EL ESCARABAJO DE ORO

¡Hola, hola! ¡Este mozo es un
danzante loco! Le ha picado la ta-
rántula.

Todo al revés

Hace muchos años trabé amistad íntima con un tal
William Legrand. Era de una antigua familia de hugo-
notes, y en otro tiempo había sido rico; pero una serie
de infortunios habíanle dejado en la miseria. Para evitar la humillación consiguiente a sus desastres, abandonó Nueva Orleans, la ciudad de sus antepasados, y
fijó su residencia en la isla de Sullivan, cerca de Charleston, en Carolina del Sur.

Esta isla es una de las más singulares. Se compone
únicamente de arena de mar, y tiene, poco más o menos, cinco kilómetros de largo. Su anchura no excede de
medio kilómetro. Está separada del continente por una
ensenada apenas perceptible, que fluye a través de un
yermo de cañas y légamo, lugar frecuentado por patos
silvestres. La vegetación, como puede suponerse, es pobre, o, por lo menos, enana. No se encuentran allí árboles de cierta magnitud. Cerca de la punta occiden-
tal, donde se alza el fuerte Moultrie y algunas miserables
casuchas de madera habitadas durante el verano por las
gentes que huyen del polvo y de las fiebres de Charleston, puede encontrarse, es cierto, el palmito erizado;
pero la isla entera, a excepción de ese punto occiden-
tal, y de un espacio árido y blancuzco que bordea el
mar, está cubierta de una espesa maleza de mirto olo-
roso tan apreciado por los horticultores ingleses. El ar-
busto alcanza allí con frecuencia una altura de cuatro
a seis metros, y forma una casi impenetrable espesura,
cargando el aire con su fragancia.

En el lugar más recóndito de esa maleza, no lejos del extremo oriental de la isla, es decir, del más distante, Legrand se había construido él mismo una pequeña cabaña, que ocupaba cuando por primera vez, y de un modo simplemente casual, hice su conocimiento. Éste pronto acabó en amistad, pues se daban en el recluso muchas cualidades que atraían el interés y la estima. Le encontré bien educado, de una singular inteligencia, aunque infestado de misantropía y sujeto a perversas alternativas de entusiasmo y de melancolía. Tenía consigo muchos libros, pero rara vez los utilizaba. Sus principales diversiones eran la caza y la pesca, o vagar a lo largo de la playa, entre los mirtos, en busca de conchas o de ejemplares entomológicos; su colección de éstos hubiera podido suscitar la envidia de un Swammerdamm.

En todas estas excursiones iba, por lo general, acompañado de un negro sirviente, llamado Júpiter, que había sido manumitido antes de los reveses de la familia, pero al que no habían podido convencer, ni con amenazas ni con promesas, de abandonar lo que él consideraba su derecho a seguir los pasos de su joven *massa* Will. No es improbable que los parientes de Legrand, juzgando que éste tenía la cabeza algo trastornada, se dedicaran a infundir aquella obstinación en Júpiter, con intención de que vigilase y custodiase al vagabundo.

Los inviernos en la latitud de la isla de Sullivan son rara vez rigurosos, y al finalizar el año resulta un verdadero acontecimiento que se requiera encender fuego. Sin embargo, hacia mediados de octubre de 18..., hubo un día de frío notable. Aquella fecha, antes de la puesta del sol, subí por el camino entre la maleza hacia la cabaña de mi amigo, a quien no había visitado hacía varias semanas, pues residía yo por aquel tiempo en Charleston, a una distancia de catorce kilómetros de la isla, y las facilidades para ir y volver eran mucho menos grandes que hoy en día. Al llegar a la cabaña llamé, como era mi costumbre, y no recibiendo respuesta, busqué la llave donde sabía que estaba escondida, abrí la puerta y entré. Un hermoso fuego llameaba en el hogar. Era una sorpresa, y, por cierto, de las agradables. Me quité el gabán, coloqué un sillón junto a los leños chisporroteantes y aguardé con paciencia el regreso de mis anfitriones.

Poco después de la caída de la tarde llegaron y me dispensaron una acogida muy cordial. Júpiter, riendo de oreja a oreja, bullía preparando unos patos silvestres para la cena. Legrand se hallaba con uno de sus ataques —¿con qué otro término podría llamarse aquello?— de entusiasmo. Había encontrado un bivalvo desconocido que formaba un nuevo género, y, más aún, había cazado y cogido un *scarabaeus* que creía totalmente nuevo, pero respecto al cual deseaba conocer mi opinión a la mañana siguiente.

—¿Y por qué no esta noche? —pregunté, frotando mis manos ante el fuego y enviando al diablo toda la especie de los *scarabaei.*

—¡Ah, si hubiera yo sabido que estaba usted aquí! —dijo Legrand—. Pero hace mucho tiempo que no le había visto, ¿y cómo iba yo a adivinar que iba usted a visitarme precisamente esta noche? Cuando volvía a casa, me encontré al teniente G***, del fuerte, y sin más ni más, le he dejado el escarabajo: así que le será a usted imposible verlo hasta mañana. Quédese aquí esta noche, y mandaré a Júpiter allí abajo al amanecer. ¡Es la cosa más encantadora de la creación!

—¿El qué? ¿El amanecer?

—¡Qué disparate! ¡No! ¡El escarabajo! Es de un brillante color dorado, aproximadamente del tamaño de una nuez, con dos manchas de un negro azabache: una, cerca de la punta posterior, y la segunda, algo más alargada, en la otra punta. Las *antenas* son...

—No hay *estaño** en él, *massa* Will, se lo aseguro —interrumpió aquí Júpiter—; el escarabajo es un escaraba-

---

* Juego de palabras intraducible entre la pronunciación en inglés de la palabra *antennae* (antebas) y *tin* (estaño.)

jo de oro macizo todo él, dentro y por todas partes, salvo las alas; no he visto nunca un escarabajo la mitad de pesado.

—Bueno; supongamos que sea así —replicó Legrand, algo más vivamente, según me pareció, de lo que exigía el caso—. ¿Es esto una razón para dejar que se quemen las aves? El color —y se volvió hacia mí— bastaría para justificar la idea de Júpiter. No habrá usted visto nunca un reflejo metálico más brillante que el que emite su caparazón, pero no podrá usted juzgarlo hasta mañana... Entretanto, intentaré darle una idea de su forma.

Dijo esto sentándose ante una mesita sobre la cual había una pluma y tinta, pero no papel. Buscó un momento en un cajón, sin encontrarlo.

—No importa —dijo, por último—; esto bastará.

Y sacó del bolsillo de su chaleco algo que me pareció un trozo de viejo pergamino muy sucio, e hizo encima una especie de dibujo con la pluma. Mientras lo hacía permanecí en mi sitio junto al fuego, pues tenía aún mucho frío. Cuando terminó su dibujo me lo entregó sin levantarse. Al cogerlo se oyó un fuerte gruñido, al que siguió un ruido de arañazos en la puerta. Júpiter abrió, y un enorme terranova, perteneciente a Legrand, se precipitó dentro, y, echándose sobre mis hombros, me abrumó a caricias, pues yo le había prestado mucha atención en mis visitas anteriores. Cuando acabó de dar brincos, miré el papel, y, a decir verdad, me sentí perplejo ante el dibujo de mi amigo.

—Bueno —dije después de contemplarlo unos minutos—; esto *es* un extraño *scarabaeus*, lo confieso, nuevo para mí: no he visto nunca nada parecido antes, a menos que sea un cráneo o una calavera, a lo cual se parece más que a ninguna otra cosa que haya caído bajo *mi* observación.

—¡Una calavera! —repitió Legrand—. ¡Oh, sí! Bueno; tiene ese aspecto indudablemente en el papel. Las dos manchas negras parecen unos ojos, ¿eh? Y la más larga de abajo parece una boca; además, la forma entera es ovalada.

—Quizá sea así —dije—; pero temo que usted no sea un artista, Legrand. Debo esperar a ver el insecto mismo para hacerme una idea de su aspecto.

—En fin, no sé —dijo él, un poco irritado—: dibujo regularmente, o, al menos, *debería* dibujar, pues he tenido buenos maestros, y me jacto de no ser del todo tonto.

—Pero entonces, mi querido compañero, usted bromea —dije—; esto es un *cráneo* muy pasable, puedo incluso decir que es un cráneo *excelente,* conforme a las vulgares nociones que tengo acerca de tales ejemplares de la fisiología; y su *scarabaeus* será el más extraño *scarabaeus* del mundo si se parece a esto. Podríamos inventar alguna pequeña superstición muy espeluznante sobre ello. Presumo que va usted a llamar a este insecto *scarabaeus caput hominis* o algo por el estilo; hay en las historias naturales muchas denominaciones semejantes. Pero ¿dónde están las *antenas* de que usted habló?

—¡Las *antenas*! —dijo Legrand, que parecía acalorarse inexplicablemente con el tema—. Estoy seguro de que debe usted de ver las *antenas.* Las he hecho tan claras cual lo son en el propio insecto, y presumo que es más que suficiente.

—Bien, bien —dije—; acaso las haya hecho usted y yo no las veo aún.

Y le tendí el papel sin más observaciones, no queriendo irritarle; pero me dejó muy sorprendido el giro que había tomado la cuestión; su mal humor me intrigaba, y en cuanto al dibujo del insecto, allí no había en realidad *antenas visibles,* y el conjunto se *parecía* enteramente a la imagen ordinaria de una calavera.

Recogió el papel, muy malhumorado, y estaba a punto de estrujarlo y de tirarlo, sin duda, al fuego, cuando una mirada casual al dibujo pareció encadenar su atención. En un instante su cara enrojeció intensamente, y luego se quedó muy pálida. Durante algunos minutos, siempre sentado, siguió examinando con minuciosidad el dibujo. A la larga se levantó, cogió una vela de la mesa y fue a sentarse sobre un arca de barco, en el rincón más alejado de la estancia. Allí se puso a examinar con ansiedad el papel, dándole vueltas en todos sentidos. No dijo nada, empero, y su actitud me dejó muy asombrado; pero juzgué prudente no exacerbar con ningún comentario su mal humor creciente. Luego sacó de su bolsillo una cartera, metió con cuidado en ella el papel y lo depositó todo dentro de un escritorio, que cerró con llave. Recobró entonces la calma; pero su primer entusiasmo había desaparecido por completo. Aun así, parecía mucho más abstraído que malhumorado. A medida que avanzaba la tarde se mostraba más absorto en un sueño, del que no lograron arrancarle ninguna de mis ocurrencias. Al principio había yo pensado pasar la noche en la cabaña, como hacía con frecuencia antes; pero viendo a mi anfitrión en aquella actitud, juzgué más conveniente marcharme. Legrand no me instó a que me quedase; pero, al despedirse de mí, estrechó mi mano con más cordialidad que de costumbre.

Un mes o cosa así después de esto (y durante ese lapso no volví a ver a Legrand), recibí la visita, en Charleston, de su criado Júpiter. No había yo visto nunca al viejo y buen negro tan decaído, y temí que le hubiera sucedido a mi amigo algún serio infortunio.

—Bueno, Júpiter —dije—. ¿Qué hay de nuevo? ¿Cómo está tu amo?

—¡Vaya! A decir verdad, *massa*, no está tan bien como debiera.

—¡Que no está bien! Siento de verdad la noticia. ¿De qué se queja?

—¡Ah, caramba! ¡Ahí está la cosa! No se queja nunca de nada; pero, de todas maneras, está muy malo.

—¡*Muy* malo, Júpiter! ¿Por qué no lo has dicho enseguida? ¿Está en la cama?

—No, no, no está en la cama. No está bien en ninguna parte, y ahí le aprieta el zapato. Tengo la cabeza trastornada con el pobre *massa* Will.

—Júpiter, quisiera comprender algo de eso que me cuentas. Dices que tu amo está enfermo. ¿No te ha dicho qué tiene?

—Bueno, *massa;* es inútil romperse la cabeza pensando en eso. *Massa* Will dice que no tiene nada; pero entonces ¿por qué va de un lado para otro, con la cabeza baja y la espalda curvada, mirando al suelo, más blanco que una oca? Y haciendo garrapatos todo el tiempo...

—¿Haciendo qué?

—Haciendo números con figuras sobre una pizarra; las figuras más raras que he visto nunca. Le digo que voy sintiendo miedo. El otro día se me escapó antes de amanecer y estuvo fuera todo el santo día. Había yo cortado un buen palo para darle una tunda de las que duelen cuando volviese a comer; pero fui tan tonto, que no tuve valor. ¡Parece tan desgraciado!

—¿Eh? ¿Cómo? ¡Ah, sí! Después de todo has hecho bien en no ser demasiado severo con el pobre muchacho. No hay que pegarle, Júpiter; no está bien, seguramente. Pero ¿no puedes formarte una idea de lo que ha ocasionado esa enfermedad o más bien ese cambio de conducta? ¿Le ha ocurrido algo desagradable desde que no le veo?

—No, *massa*, no ha ocurrido nada desagradable *desde* entonces, sino *antes;* sí, eso temo: el mismo día en que usted estuvo allí.

—¡Cómo! ¿Qué quieres decir?

—Pues... quiero hablar del escarabajo, y nada más.

—¿De qué?

—Del escarabajo... estoy seguro de que *massa* Will ha sido picado en alguna parte de la cabeza por ese escarabajo de oro.

—¿Y qué motivos tienes tú, Júpiter, para hacer tal suposición?

—Tiene ese bicho demasiadas uñas para eso, y también boca. No he visto nunca un escarabajo tan endiablado; coge y pica todo lo que se le acerca. *Massa* Will le había cogido..., pero enseguida le soltó, se lo aseguro... Le digo a usted que entonces es, sin duda, cuando le ha picado. La cara y la boca de ese escarabajo no me gustan: por eso no he querido cogerlo con mis dedos; pero he buscado un trozo de papel para meterlo. Lo envolví en un trozo de papel con otro pedacito en la boca; así lo hice.

—¿Y tú crees que tu amo ha sido picado realmente por el escarabajo, y que esa picadura le ha puesto enfermo?

—No lo creo, lo sé. ¿Por qué está siempre soñando con oro, si no es porque le ha picado el escarabajo de oro? Ya he oído hablar de esos escarabajos de oro.

—Pero ¿cómo sabes que sueña con oro?

—¿Cómo lo sé? Porque habla de ello hasta durmiendo; por eso lo sé.

—Bueno, Júpiter; quizá tengas razón, pero ¿a qué feliz circunstancia debo hoy el honor de tu visita?

—¿Qué quiere usted decir, *massa*?

—¿Me traes algún mensaje de míster Legrand? —No, *massa*; le traigo este papel.

Y Júpiter me entregó una esquela que decía lo que sigue a continuación:

Querido amigo: ¿Por qué no le veo hace tanto tiempo? Espero que no cometerá usted la tontería de sentirse ofendido por aquella pequeña *brusquerie* mía; pero no, no es probable.

Desde que le vi, siento un gran motivo de inquietud. Tengo algo que decirle; pero apenas sé cómo decírselo, o incluso no sé si se lo diré.

No estoy del todo bien desde hace unos días, y el pobre viejo Jup me aburre de un modo insoportable con sus buenas intenciones y cuidados. ¿Lo creerá usted? El otro día había preparado un garrote para castigarme por haberme escapado y pasado el día *solus* en las colinas del continente. Creo de veras que sólo mi mala cara me salvó de la paliza.

No he añadido nada a mi colección desde que no nos vemos.

Si puede usted, sin gran inconveniente, venga con Júpiter. *Venga*. Deseo verle *esta noche* para un asunto de importancia. Le aseguro que es de la *más alta* importancia. Siempre suyo,

WILLIAM LEGRAND

Había algo en el tono de esta carta que me produjo una gran inquietud. El estilo difería en absoluto del de Legrand. ¿Con qué podía él soñar? ¿Qué nueva chifladura dominaba su excitable mente? ¿Qué «asunto de la más alta importancia» podía él tener que resolver? El relato de Júpiter no presagiaba nada bueno. Temía yo que la continua opresión del infortunio hubiese a la larga trastornado por completo la razón de mi amigo. Sin un momento de vacilación, me dispuse a acompañar al negro.

Al llegar al fondeadero, vi una guadaña y tres azadas, todas evidentemente nuevas, que yacían en el fondo del barco donde íbamos a navegar.

—¿Qué significa todo esto, Jup? —pregunté.

—Es una guadaña, *massa,* y unas azadas.

—Es cierto; pero ¿qué hacen aquí?

—*Massa* Will me ha dicho que comprase eso para él en la ciudad, y lo he pagado muy caro; nos cuesta un dinero de mil demonios.

—Pero, en nombre de todo lo que hay de misterioso, ¿qué va a hacer tu «*massa* Will» con esa guadaña y esas azadas?

—No me pregunte más de lo que sé; que el diablo me lleve si lo sé yo también. Pero todo eso es cosa del escarabajo.

Viendo que no podía obtener ninguna aclaración de Júpiter, cuya inteligencia entera parecía estar absorbida por «el escarabajo», bajé al barco y desplegué la vela. Una agradable y fuerte brisa nos empujó rápidamente hasta la pequeña ensenada al norte del fuerte Multrie, y un paseo de unos tres kilómetros nos llevó hasta la cabaña. Serían alrededor de las tres de la tarde cuando llegamos. Legrand nos esperaba preso de viva impaciencia. Asió mi mano con un nervioso *em-pressement** que me alarmó, aumentando mis sospechas nacientes. Su cara era de una palidez espectral, y sus ojos, muy hundidos, brillaban con un fulgor sobrenatural. Después de algunas preguntas sobre su salud, quise saber, no ocurriéndoseme nada mejor que decir, si el teniente G*** le había devuelto el *scarabaeus*.

—¡Oh, sí! —replicó, poniéndose muy colorado—. Lo recogí a la mañana siguiente. Por nada me separaría de ese *scarabaeus*. ¿Sabe usted que Júpiter tiene toda la razón respecto a eso?

—¿En qué? —pregunté con un triste presentimiento en el corazón.

—En suponer que el escarabajo es de *oro de veras*.

Dijo esto con aire de profunda seriedad, que me produjo una indecible desazón.

—Ese escarabajo hará mi fortuna —prosiguió él, con una sonrisa triunfal— al reintegrarme mis posesiones familiares. ¿Es de extrañar que yo lo aprecie tanto? Puesto que la fortuna ha querido concederme esa dádiva, no tengo más que usarla adecuadamente, y llegaré hasta el oro del cual ella es indicio. ¡Júpiter, trae ese *scarabaeus*!

—¡Cómo! ¡El escarabajo, *massa*! Prefiero no tener jaleos de ningún tipo con el escarabajo; ya sabrá cogerlo usted mismo.

En este momento Legrand se levantó con un aire solemne e imponente, y fue a sacar el insecto de un fanal, dentro del cual lo había dejado. Era un hermoso *scarabaeus* desconocido en aquel tiempo por los naturalistas, y, por supuesto, de un gran valor desde el punto de vista científico. Ostentaba dos manchas negras en un extremo del dorso, y en el otro, una más alargada. El caparazón era notablemente duro y brillante, con un aspecto de oro bruñido. Tenía un peso notable, y, bien considerada la cosa, no podía yo censurar demasiado

---

* «Solicitud, ansiedad.» (En francés en el original.)

a Júpiter por su opinión respecto a él; pero érame imposible comprender que Legrand fuese de igual opinión.

—Le he enviado a buscar —dijo él, en un tono grandilocuente, cuando hube terminado mi examen del insecto—; le he enviado a buscar para pedirle consejo y ayuda en el cumplimiento de los designios del Destino y del escarabajo...

—Mi querido Legrand —interrumpí—, no está usted bien, sin duda, y haría mejor en tomar algunas precauciones. Váyase a la cama, y me quedaré con usted unos días, hasta que se restablezca. Tiene usted fiebre y...

—Tómeme usted el pulso —dijo él.

Se lo tomé, y, a decir verdad, no encontré el menor síntoma de fiebre.

—Pero puede estar enfermo sin tener fiebre. Permítame esta vez tan sólo que actúe de médico con usted. Y después...

—Se equivoca —interrumpió él—; estoy tan bien como puedo esperar estarlo con la excitación que sufro. Si realmente me quiere usted bien, aliviará esta excitación.

—¿Y qué debo hacer para eso?

—Es muy fácil. Júpiter y yo partimos a una expedición por las colinas, en el continente, y necesitamos para ella la ayuda de una persona en quien podamos confiar. Es usted esa persona única. Ya sea un éxito o un fracaso, la excitación que nota usted en mí se apaciguará igualmente con esa expedición.

—Deseo vivamente servirle a usted en lo que sea —repliqué—; pero ¿pretende usted decir que ese insecto infernal tiene alguna relación con su expedición a las colinas?

—La tiene.

—Entonces, Legrand, no puedo tomar parte en tan absurda empresa.

—Lo siento, lo siento mucho, pero tendremos que intentar hacerlo nosotros solos.

—¡Intentarlo ustedes solos! (¡Este hombre está loco, seguramente!) Pero veamos, ¿cuánto tiempo se propone usted estar ausente?

—Probablemente, toda la noche. Vamos a partir enseguida, y en cualquiera de los casos, estaremos de vuelta al salir el sol.

—¿Y me promete por su honor que, cuando ese capricho haya pasado y el asunto del escarabajo (¡Dios mío!) esté arreglado a su satisfacción, volverá usted a casa y seguirá con exactitud mis prescripciones como las de su médico?

—Sí, se lo prometo; y ahora, partamos, pues no tenemos tiempo que perder.

Acompañé a mi amigo, con el corazón apesadumbrado. A cosa de las cuatro nos pusimos en camino Legrand, Júpiter, el perro y yo. Júpiter cogió la guadaña y las azadas. Insistió en cargar con todo ello, más bien me pareció por temor a dejar una de aquellas herramientas en manos de su amo que por un exceso de celo o de complacencia. Mostraba un humor de perros, y estas palabras, «condenado escarabajo», fueron las únicas que se escaparon de sus labios durante el viaje. Por mi parte, estaba encargado de un par de linternas, mientras Legrand se había contentado con el *scarabaeus,* que llevaba atado al extremo de un trozo de cuerda; lo hacía girar de un lado para otro, con un aire de nigromante, mientras caminaba. Cuando observaba yo aquel último y supremo síntoma del trastorno mental de mi amigo, no podía apenas contener las lágrimas. Pensé, no obstante, que era preferible acceder a su fantasía, al menos por el momento, hasta que pudiese yo adoptar algunas medidas más enérgicas con una probabilidad de éxito. Entretanto, intenté, aunque en vano, sondearle respecto al objeto de la expedición. Habiendo conseguido inducirme a que le acompañase, parecía mal dispuesto a entablar conversación sobre un tema de tan poca importancia, y a todas mis preguntas no les concedía otra respuesta que un «ya veremos».

Atravesamos en una barca la ensenada en la punta de la isla, y trepando por los altos terrenos de la orilla del continente, seguimos la dirección noroeste, a través de una región sumamente salvaje y desolada, en la que no se veía rastro de un pie humano. Legrand avanzaba con decisión, deteniéndose solamente algunos instantes, aquí y allá, para consultar ciertas señales que debía de haber dejado él mismo en una ocasión anterior.

Caminamos así cerca de dos horas, e iba a ponerse el sol, cuando entramos en una región infinitamente más triste que todo lo que habíamos visto antes. Era una especie de meseta cercana a la cumbre de una colina casi inaccesible, cubierta de espesa arboleda desde la base a la cima y sembrada de enormes bloques de piedra que parecían esparcidos en mezcolanza sobre el suelo, como si muchos de ellos se hubieran precipitado a los valles inferiores sin la contención de los árboles en que se apoyaban. Profundos barrancos, que se abrían en varias direcciones, daban un aspecto de solemnidad más lúgubre al paisaje.

La plataforma natural sobre la cual habíamos trepado estaba tan repleta de zarzas, que nos dimos cuenta muy pronto de que sin la guadaña nos hubiera sido imposible abrirnos paso. Júpiter, por orden de su amo, se dedicó a despejar el camino hasta el pie de un enorme tulípero que se alzaba, entre ocho o diez robles, sobre la plataforma, y que los sobrepasaba a todos, así como a los árboles que había yo visto hasta entonces, por la belleza de su follaje y la majestad general de su aspecto. Cuando hubimos llegado a aquel árbol, Legrand se volvió hacia Júpiter y le preguntó si se creía capaz de trepar por él. El viejo pareció un tanto azarado por la pregunta, y durante unos momentos no respondió. Por último, se acercó al enorme tronco, dio la vuelta a su alrededor y lo examinó con minuciosa atención. Cuando hubo terminado su examen, dijo simplemente:

—Sí, *massa;* Jup no ha encontrado en su vida árbol al que no pueda trepar.

—Entonces, sube lo más deprisa posible, pues pronto habrá demasiada oscuridad para ver lo que hacemos.

—¿Hasta dónde debo subir, *massa*? —preguntó Júpiter.

—Sube primero por el tronco, y entonces te diré qué camino debes seguir... ¡Ah, detente ahí! Lleva contigo este escarabajo.

—¡El escarabajo, *massa* Will, el escarabajo de oro! —retrocedió el negro, retrocediendo con terror—. ¿Por qué debo llevar ese escarabajo conmigo sobre el árbol? ¡Que me condene si lo hago!

—Si tienes miedo, Jup, tú, un negro grande y fuerte como pareces, a tocar un pequeño insecto muerto e inofensivo, puedes llevarle con esta cuerda; pero si no quieres cogerle de ningún modo, me veré en la necesidad de abrirte la cabeza con esta azada.

—¿Qué le pasa ahora, *massa*? —dijo Jup, avergonzado, sin duda, y más complaciente—. Siempre ha de tomarla con su viejo negro. Era sólo una broma y nada más. ¡Tener *yo* miedo al escarabajo! ¡Pues sí que me preocupa a mí el escarabajo!

Cogió con precaución la punta de la cuerda, y, manteniendo al insecto tan lejos de su persona como las circunstancias lo permitían, se dispuso a subir al árbol.

En su juventud, el tulípero o *Liriodendron tulipiferum,* el más magnífico de los árboles selváticos americanos, tiene un tronco liso en particular y se eleva con frecuencia a gran altura, sin producir ramas laterales; pero cuando llega a su madurez, la corteza se vuelve rugosa y desigual, mientras pequeños rudimentos de ramas aparecen en gran número sobre el tronco. Por eso la dificultad de la ascensión, en el caso presente, lo era mucho más en apariencia que en la realidad. Abrazando lo mejor que podía el enorme cilindro con sus brazos y sus rodillas, asiendo con las manos algunos brotes y apoyando sus pies descalzos sobre los otros, Júpiter, después de haber estado a punto de caer una o dos veces, se izó al final hasta la primera gran bifurcación y pareció entonces considerar el asunto como virtualmente realizado. En efecto, el *riesgo* de la empresa había ahora desaparecido, aunque el escalador estuviese a unos dieciocho o veinte metros de la tierra.

—¿Hacia qué lado debo ir ahora, *massa* Will? —preguntó él.

—Sigue siempre la rama más ancha, la de ese lado —dijo Legrand.

El negro le obedeció con prontitud y, en apariencia, sin la menor inquietud; subió, subió cada vez más alto, hasta que desapareció su figura encogida entre el espeso follaje que la envolvía. Entonces se dejó oír su voz lejana gritando:

—¿Debo subir mucho todavía?

—¿A qué altura estás? —preguntó Legrand.

—Estoy tan alto —replicó el negro—, que puedo ver el cielo a través de la copa del árbol.

—No te preocupes del cielo, pero atiende a lo que te digo. Mira hacia abajo el tronco y cuenta las ramas que hay debajo de ti por ese lado. ¿Cuántas ramas has pasado?

—Una, dos, tres, cuatro, cinco. He pasado cinco ramas por ese lado, *massa*.

—Entonces sube una rama más.

Al cabo de unos minutos, la voz se oyó de nuevo, anunciando que había alcanzado la séptima rama.

—Ahora, Jup —gritó Legrand, con una gran agitación—, quiero que te abras camino sobre esa rama hasta donde puedas. Si ves algo extraño, me lo dices.

Desde aquel momento las pocas dudas que podía yo haber tenido sobre la demencia de mi pobre amigo se disiparon por completo. No me quedaba otra alternativa que considerarle como atacado de locura, y me sentí seriamente preocupado con la manera de hacerle volver a casa. Mientras reflexionaba sobre qué sería preferible hacer, volvió a oírse la voz de Júpiter.

—Tengo miedo de avanzar más lejos por esta rama: es una rama muerta en casi toda su extensión.

—¿Dices que es una rama *muerta*, Júpiter? —gritó Legrand con voz trémula.

—Sí, *massa*, muerta como un clavo de puerta, eso es cosa sabida; no tiene ni pizca de vida.

—¿Qué debo hacer, en nombre del Cielo? —preguntó Legrand, que parecía sumido en una gran desesperación.

—¿Qué debe hacer? —dije, satisfecho de que aquella oportunidad me permitiese expresar una palabra—. Volver a casa y meterse en la cama. ¡Vámonos ya! Sea usted amable, compañero. Se hace tarde; y además, acuérdese de su promesa.

—¡Júpiter! —gritó él, sin escucharme en absoluto—, ¿me oyes?

—Sí, *massa* Will, le oigo perfectamente.

—Entonces tantea bien con tu cuchillo, y dime si crees que está *muy* podrida.

—Podrida, *massa;* podrida, sin duda —replicó el negro después de unos momentos—; pero no tan podrida como cabría creer. Podría avanzar un poco más si estuviese yo solo sobre la rama, eso es verdad.

—¡Si estuvieras tú solo! ¿Qué quieres decir?

—Hablo del escarabajo. Es *muy* pesado el tal escarabajo. Supongo que, si lo dejase caer, la rama soportaría bien, sin romperse, el peso de un negro.

—¡Maldito bribón! —gritó Legrand, que parecía muy reanimado—. ¿Qué tonterías estás diciendo? Si dejas caer el insecto, te retuerzo el pescuezo. Mira hacia aquí, Júpiter, ¿me oyes?

—Sí, *massa;* no hay que tratar así a un pobre negro.

—Bueno; escúchame ahora. Si te arriesgas sobre la rama lo lejos que puedas hacerlo sin peligro y sin soltar el insecto, te regalaré un dólar de plata tan pronto hayas bajado.

—Ya voy, *massa* Will; ya voy allá —replicó el negro con prontitud—. Estoy al final ahora.

—¡*Al final!* —chilló Legrand, muy animado—. ¿Quieres decir que estás al final de esa rama?

—Estaré muy pronto al final, *massa...* ¡Ooooh! Dios mío, misericordia! ¿Qué es eso que hay sobre el árbol?

—¡Bien! —gritó Legrand muy contento—, ¿qué es *eso*?

—Pues sólo una calavera; alguien dejó su cabeza sobre el árbol, y los cuervos han picoteado toda la carne.

—¡Una calavera, dices! Muy bien... ¿Cómo está atada a la rama? ¿Qué la sostiene?

—Seguramente se sostiene bien; pero tendré que ver. ¡Ah! Es una cosa curiosa, palabra: hay un clavo grueso clavado en esta calavera, que la retiene al árbol.

—Bueno; ahora, Júpiter, haz exactamente lo que voy a decirte. ¿Me oyes?

—Sí, *massa*.

—Fíjate bien, y luego busca el ojo izquierdo de la calavera.

—¡Hum! ¡Oh, esto sí que es bueno! No tiene ojo izquierdo ni por asomo.

—¡Maldita estupidez la tuya! ¿Sabes distinguir bien tu mano izquierda de tu mano derecha?

—Sí que lo sé; lo sé muy bien: mi mano izquierda es con la que parto la leña.

—¡Seguramente! Eres zurdo. Y tu ojo izquierdo está del mismo lado que tu mano izquierda. Ahora supongo que podrás encontrar el ojo izquierdo de la calavera, o el sitio donde estaba ese ojo. ¿Lo has encontrado?

Hubo una larga pausa. Y, finalmente, el negro preguntó:

—¿El ojo izquierdo de la calavera está del mismo lado que la mano izquierda del cráneo también?... Porque la calavera no tiene mano alguna... ¡No importa! Ahora he encontrado el ojo izquierdo, ¡aquí está el ojo izquierdo! ¿Qué debo hacer ahora?

—Deja pasar por él el escarabajo, tan lejos como pueda llegar la cuerda; pero ten cuidado de no soltar la punta de la cuerda.

—Ya está hecho todo, *massa* Will; era cosa fácil hacer pasar el escarabajo por el agujero... Mírelo cómo baja.

Durante este coloquio no podía verse ni la menor parte de Júpiter; pero el insecto que él dejaba caer aparecía ahora visible al extremo de la cuerda y brillaba, como una bola de oro bruñido, a los últimos rayos del sol poniente, algunos de los cuales iluminaban todavía un poco la eminencia sobre la que estábamos colocados. El *scarabaeus,* al descender, sobresalía visiblemente de las ramas, y si el negro le hubiese soltado, habría caído a nuestros pies. Legrand cogió enseguida la guadaña y despejó un espacio circular, de dos o tres metros de diámetro, justo debajo del insecto. Una vez hecho esto, ordenó a Júpiter que soltase la cuerda y que bajase del árbol.

Con gran cuidado clavó mi amigo una estaca en la tierra sobre el lugar preciso donde había caído el insecto, y luego sacó de su bolsillo una cinta para medir. La ató por una punta al sitio del árbol que estaba más próximo a la estaca, la desenrolló hasta ésta y siguió desenrollándola en la dirección señalada por aquellos dos puntos —la estaca y el tronco— hasta una distancia de quince metros; Júpiter limpiaba de zarzas el camino con la guadaña. En el sitio así encontrado clavó una segunda estaca, y tomándola como centro describió un tosco círculo de un metro de diámetro, aproximadamente. Cogió entonces una de las azadas, dio la otra a Júpiter y la otra a mí, y nos pidió que cavásemos lo más deprisa posible.

A decir verdad, yo no había sentido nunca un especial agrado con semejante diversión, y en aquel momento preciso renunciaría a ella, pues la noche avanzaba y me sentía muy fatigado con el ejercicio que hube de hacer; pero no veía modo alguno de escapar de aquello, y temía perturbar la ecuanimidad de mi pobre amigo con una negativa. De haber podido contar efectivamente con la ayuda de Júpiter, no hubiese yo vacilado en llevar a la fuerza al lunático a su casa; pero conocía demasiado bien el carácter del viejo negro para esperar su ayuda en cualquier circunstancia, y más en el caso de una lucha personal con su amo. No dudaba yo de que Legrand estaba contaminado por alguna de las innumerables supersticiones del sur referentes a los tesoros escondidos, y que aquella fantasía hubiera sido confirmada por el hallazgo del *sca-*

rabaeus, o quizá por la obstinación de Júpiter en sostener que era un «escarabajo de oro de verdad». Una mentalidad predispuesta a la locura podía dejarse arrastrar por tales sugestiones, sobre todo si concordaban con sus ideas favoritas preconcebidas, y entonces recordé el discurso del pobre muchacho referente al insecto que iba a ser «el indicio de su fortuna». Por encima de todo ello, me sentía enojado y perplejo; pero al final decidí hacer ley de la necesidad y cavar con buena voluntad para convencer lo antes posible al visionario con una prueba ocular, de la falacia de las opiniones que él mantenía.

Encendimos las linternas y nos entregamos a nuestra tarea con un celo digno de una causa más racional; y como la luz caía sobre nuestras personas y herramientas, no pude por menos que pensar en el grupo pintoresco que formábamos y en que si algún intruso hubiese aparecido, por casualidad, en medio de nosotros, habría creído que realizábamos una labor muy extraña y sospechosa.

Cavamos con firmeza durante dos horas. Oíanse pocas palabras, y nuestra molestia principal la causaban los ladridos del perro, que sentía un interés excesivo por nuestros trabajos. A la larga se puso tan alborotado, que temimos diese la alarma a algunos merodeadores de las cercanías, o más bien era ése el gran temor de Legrand, pues, por mi parte, me habría regocijado cualquier interrupción que me hubiera permitido hacer volver al vagabundo a su casa. Finalmente, fue acallado el alboroto por Júpiter, quien, lanzándose fuera del hoyo con un aire resuelto y furioso, embozó el hocico del animal con uno de sus tirantes y luego volvió a su tarea con una risita ahogada.

Cuando expiró el tiempo mencionado, el hoyo había alcanzado una profundidad de metro y medio, y aun así, no aparecía el menor indicio de tesoro. Hicimos una pausa general, y empecé a tener la esperanza de que la farsa tocaba a su fin. Legrand, sin embargo, aunque a todas luces muy desconcertado, se enjugó la frente con aire pensativo y volvió a empezar. Habíamos cavado el círculo entero de un metro de diámetro, y ahora superamos un poco aquel límite y cavamos medio metro más. No apareció nada. El buscador de oro, por el que sentía yo una sincera compasión, salió del hoyo al cabo, con la más amarga desilusión grabada en su cara, y se decidió, lenta y pesarosamente, a ponerse la chaqueta, que se había quitado al empezar su labor. En cuanto a mí, me guardé de hacer ninguna observación. Júpiter, a una señal de su amo, comenzó a recoger las herramientas. Hecho esto, y una vez quitado el bozal al perro, nos dispusimos a volver en un profundo silencio a casa.

Habríamos dado acaso una docena de pasos, cuando, con un tremendo juramento, Legrand se arrojó sobre Júpiter y le agarró del cuello. El negro, atónito, abrió los ojos y la boca en todo su tamaño, soltó las azadas y cayó de rodillas.

—¡Eres un bergante! —dijo Legrand, haciendo silbar las sílabas entre sus labios apretados—, ¡un malvado negro! ¡Habla, te digo! ¡Contéstame al instante y sin mentir! ¿Cuál es..., cuál es tu ojo izquierdo?

—¡Oh, misericordia, *massa* Will! ¿No es, seguramente, éste mi ojo izquierdo? —rugió, aterrorizado, Júpiter, poniendo su mano sobre el órgano *derecho* de su visión y manteniéndola allí con la tenacidad de la desesperación, como si temiese que su amo fuese a arrancárselo.

—¡Lo sospechaba! ¡Lo sabía! ¡Hurra! —vociferó Legrand soltando al negro y dando una serie de corvetas y cabriolas, ante el gran asombro de su criado, quien, alzándose sobre sus rodillas, miraba en silencio a su amo y a mí, a mí y a su amo.

—¡Vamos! Debemos volver —dijo éste—. No está aún perdida la partida —y se encaminó de nuevo hacia el tulípero.

—Júpiter —dijo, cuando llegamos al pie del árbol— ¡ven aquí! ¿Estaba la calavera clavada a la rama con la cara vuelta hacia fuera o hacia la rama?

—La cara estaba vuelta hacia fuera, *massa;* así es que los cuervos han podido comerse muy bien los ojos sin la menor dificultad.

—Bueno; entonces ¿has dejado caer el insecto por este ojo o por este otro? —y Legrand tocaba alternativamente los ojos de Júpiter.

—Por este ojo, *massa,* por el ojo izquierdo, exactamente como usted me dijo.

Y el negro volvió a señalar su ojo derecho.

Entonces mi amigo, en cuya locura veía yo, o me imaginaba ver, ciertos indicios de método, trasladó la estaca que marcaba el sitio donde había caído el insecto unos siete centímetros hacia el oeste de su primera posición. Colocando ahora la cinta de medir desde el punto más cercano del tronco hasta la estaca, como antes hiciera, y extendiéndola en línea recta a una distancia de quince metros, donde señalaba la estaca, la alejó varios metros del sitio donde habíamos estado cavando.

Alrededor del nuevo punto trazó ahora un círculo, un poco más ancho que el primero, y volvimos a manejar la azada. Estaba yo atrozmente cansado; pero, sin darme cuenta de lo que había ocasionado aquel cambio en mi pensamiento, no sentía ya gran aversión por aquel trabajo impuesto. Me interesaba de un modo inexplicable; más aún, me excitaba. Tal vez había en todo el extravagante comportamiento de Legrand cierto aire de presciencia, de deliberación, que me impresionaba. Cavaba con ardor, y de cuando en cuando me sorprendía buscando, por decirlo así, con los ojos, movido de un sentimiento que se parecía mucho a la espera, aquel tesoro imaginario cuya visión había trastornado a mi infortunado compañero. En uno de esos momentos en que tales fantasías mentales se habían apoderado más a fondo de mí, y cuando llevábamos trabajando quizá una hora y media, fuimos de nuevo interrumpidos por los violentos ladridos del perro. Su inquietud, en el primer caso, era, sin duda, el resultado de un retozo o de un capricho; pero ahora asumía un tono más áspero y más serio. Cuando Júpiter se esforzaba por volver a ponerle un bozal, ofreció el animal una furiosa resistencia y, saltando dentro del hoyo, se puso a cavar, frenético, con sus uñas. En unos segundos había dejado al descubierto una masa de osamentas humanas, formando dos esqueletos íntegros, mezclados con varios botones de metal y con algo que nos pareció ser lana podrida y polvorienta. Uno o dos azadonazos hicieron saltar la hoja de un ancho cuchillo español, y al cavar más surgieron a la luz tres o cuatro monedas de oro y plata.

Al ver aquello, Júpiter no pudo apenas contener su alegría; pero la cara de su amo expresó una extraordinaria desilusión. Nos rogó, con todo, que continuásemos nuestros esfuerzos, y apenas había dicho aquellas palabras, tropecé y caí hacia adelante, al engancharse la punta de mi bota con una ancha argolla de hierro que yacía medio enterrada en la tierra blanda.

Nos pusimos a trabajar ahora con gran diligencia, y nunca he pasado diez minutos de más intensa excitación. Durante este intervalo desenterramos por completo un cofre oblongo de madera que, por su perfecta conservación y asombrosa dureza, había sido sometido a algún procedimiento de mineralización, acaso por obra del bicloruro de mercurio. Dicho cofre tenía un metro y pico de largo, un poco menos de ancho y setenta centímetros de profundidad. Estaba asegurado con firmeza por unos flejes de hierro forjado remachados y que formaban alrededor una especie de enrejado. A cada lado del cofre, cerca de la tapa, había tres argollas de hierro —seis en total—, por medio de las cuales seis personas podían asirlo. Nuestros esfuerzos unidos sólo consiguieron moverlo ligeramente de su lecho. Vimos enseguida la imposibilidad de transportar un peso tan grande. Por fortuna, la tapa estaba sólo asegurada con dos tornillos movibles. Los sacamos, trémulos y palpitantes de ansiedad. En un instante, un tesoro de incalculable valor apareció refulgente ante nosotros. Los rayos de las linternas caían en el hoyo, haciendo brotar de un montón confuso de oro y joyas destellos y brillos que cegaban del todo nuestros ojos.

No intentaré describir los sentimientos con que contemplaba aquello. El asombro, naturalmente, predominaba sobre los demás. Legrand parecía exhausto por la excitación, y no profirió más que algunas palabras. En cuanto a Júpiter, su rostro, durante unos minutos, adquirió la máxima palidez que pueda tomar la cara de un negro en tales circunstancias. Parecía estupefacto, fulminado. Pronto cayó de rodillas en el hoyo y, hundiendo sus brazos hasta el codo en el oro, los dejó allí, como si gozase del placer de un baño. A la postre exclamó con un hondo suspiro, como en un monólogo:

—¡Y todo esto viene del escarabajo de oro! ¡Del pobre escarabajito, al que yo insultaba y calumniaba! ¿No te avergüenzas de ti mismo, negro? ¡Anda, contéstame!

Fue menester, por último, que despertase a ambos, al amo y al criado, ante la conveniencia de transportar el tesoro. Se hacía tarde y teníamos que desplegar cierta actividad si queríamos que todo estuviese seguro antes del amanecer. No sabíamos qué determinación tomar, y perdimos mucho tiempo en deliberaciones, de lo trastornadas que teníamos nuestras ideas. Por último, aligeramos de peso el cofre quitando las dos terceras partes de su contenido, y pudimos, en fin, no sin dificultad, sacarlo del hoyo. Los objetos que habíamos extraído fueron depositados entre las zarzas, bajo la custodia del perro, al que Júpiter ordenó que no se moviera de su puesto bajo ningún pretexto y que no abriera la boca hasta nuestro regreso. Entonces nos pusimos presurosamente en camino con el cofre; llegamos sin accidente a la cabaña, aunque después de tremendas penalidades y a la una de la madrugada. Rendidos como estábamos, no hubiese habido naturaleza humana capaz de reanudar la tarea acto seguido. Permanecimos descansando hasta las dos; luego cenamos, y enseguida partimos hacia las colinas, provistos de tres grandes sacos que, por una suerte feliz, habíamos encontrado antes. Llegamos al filo de las cuatro a la fosa, nos repartimos el botín con la mayor igualdad posible, y dejando el hoyo sin tapar volvimos hacia la cabaña, en la que depositamos por segunda vez nuestra carga de oro, al tiempo que los primeros y débiles rayos del alba aparecían por encima de las copas de los árboles, hacia el este.

Estábamos completamente destrozados, pero la intensa excitación de aquel momento nos impidió todo reposo. Después de un agitado sueño de tres o cuatro horas de duración, nos levantamos, como si estuviéramos de acuerdo, para efectuar el examen de nuestro tesoro.

El cofre había sido llenado hasta los bordes, y empleamos el día entero y gran parte de la noche siguiente en escudriñar su contenido. No mostraba ningún orden o arreglo. Todo había sido amontonado allí, en confusión. Habiéndolo clasificado cuidadosamente, nos encontramos en posesión de una fortuna que superaba todo cuanto habíamos supuesto. En monedas había más de cuatrocientos cincuenta mil dólares, estimando el valor de las piezas con tanta exactitud como pudimos, por las tablas de cotización de la época. No había allí una sola partícula de plata. Todo era oro de una fecha muy antigua y de una gran variedad: monedas francesas, españolas y alemanas, con algunas guineas inglesas y varios discos de los que no habíamos visto antes ejemplar alguno. Había varias monedas muy grandes y pesadas, pero tan desgastadas, que nos fue imposible descifrar sus inscripciones. No se encontraba allí ninguna americana. La valoración de las joyas presentó muchas más dificultades. Había diamantes, algunos de ellos muy finos y voluminosos, en total ciento diez, y ninguno pequeño; dieciocho rubíes de un notable brillo, trescientas diez esmeraldas hermosísimas, veintiún zafiros y un ópalo. Todas aquellas piedras habían sido arrancadas de sus monturas y arrojadas en revoltijo al interior del cofre. En cuanto a las monturas mismas, que clasificamos aparte del otro oro, parecían haber sido machacadas a martillazos para evitar cualquier identificación. Además de todo lo indicado, había una gran cantidad de adornos de oro macizo: cerca de doscientas sortijas y pendientes, de extraordinario grosor; ricas cadenas, en número de treinta, si no recuerdo mal; noventa y tres grandes y pesados crucifijos; cinco incensarios de oro de gran valía; una prodigiosa ponchera de oro, adornada con hojas de parra muy bien engastadas y con figuras de bacantes; dos empuñaduras de espada exquisitamente repujadas y otros muchos objetos más pequeños que no puedo recordar. El peso de todo ello excedía de las trescientas cincuenta libras *avoirdupois*[*], y en esta valoración no he incluido ciento noventa y siete relojes de oro soberbios, tres de los cuales valdrían quinientos dólares cada uno. Muchos eran viejísimos y desprovistos de valor como relojes: sus maquinarias habían sufrido más o menos la corrosión de la tierra; pero todos estaban ricamente adornados con pedrerías, y las cajas eran de gran precio. Valoramos aquella noche el contenido total del cofre en un millón y medio de dólares, y cuando más tarde dispusimos de los dijes y joyas (quedándonos con algunos para nuestro uso personal), nos encontramos con que habíamos hecho una tasación del tesoro muy por debajo de su valor real.

Cuando terminamos nuestro examen, y al propio tiempo se hubo calmado un tanto aquella intensa excitación, Legrand, que me veía consumido de impaciencia por conocer la solución de aquel extraordinario enigma, entró con todo detalle en las circunstancias relacionadas con él.

—Recordará usted —dijo— la noche en que le mostré el tosco bosquejo que había hecho del *scarabaeus*. Recordará también que me molestó mucho el que insistiese en que mi dibujo se parecía a una calavera. Cuando hizo usted por primera vez su afirmación, creí que bromeaba; pero después pensé en las manchas especiales sobre el dorso del insecto, y reconocí en mi interior que su observación tenía, en realidad, cierto sentido. A pesar de todo, me irritó su burla respecto a mis

---

[*] Sistema de pesos vigente en Inglaterra y Estados Unidos cuya unidad es la libra inglesa de 16 onzas, o sea, 0,451 kilogramos.

facultades gráficas, pues estoy considerado como un buen artista, y por eso, cuando me tendió usted el trozo de pergamino, estuve a punto de estrujarlo y de arrojarlo, enojado, al fuego.

—¿Se refiere usted al trozo de papel? —dije.

—No; aquello tenía el aspecto de papel, y al principio yo mismo supuse que lo era; pero, cuando quise dibujar sobre él, descubrí enseguida que era un trozo de pergamino muy viejo. Estaba todo sucio, como recordará. Bueno; cuando me disponía a estrujarlo, mis ojos cayeron sobre el esbozo que usted había examinado, y ya puede imaginarse mi asombro al percibir realmente la figura de una calavera en el sitio mismo donde había yo creído dibujar el insecto. Durante un momento me sentí demasiado atónito para pensar con sensatez. Sabía que mi esbozo era muy diferente en detalle de éste, aunque existiese cierta semejanza en el contorno general. Cogí enseguida una vela y, sentándome al otro extremo de la habitación, me dediqué a un examen minucioso del pergamino. Dándole vueltas, vi mi propio bosquejo sobre el reverso, ni más ni menos que como lo había hecho. Mi primera impresión fue entonces de simple sorpresa ante la notable semejanza efectiva del contorno; y resultaba una coincidencia singular el hecho de que aquella imagen, desconocida para mí, ocupara el otro lado del pergamino debajo mismo de mi dibujo del *scarabaeus,* y de que aquella calavera se pareciera con tanta exactitud a dicho dibujo no sólo en el contorno, sino en el tamaño. Digo que la singularidad de aquella coincidencia me dejó pasmado durante un momento. Es éste el efecto habitual de tales coincidencias. La mente se esfuerza por establecer una relación —una ilación de causa y efecto—, y siendo incapaz de conseguirlo, sufre una especie de parálisis pasajera. Pero cuando me recobré de aquel estupor, sentí surgir en mí poco a poco una convicción que me sobrecogió más aún que aquella coincidencia. Comencé a recordar de una manera clara y positiva que *no* había ningún dibujo sobre el pergamino cuando hice mi esbozo del *scarabaeus*. Tuve la absoluta certeza de ello, pues me acordé de haberle dado vueltas a un lado y a otro buscando el sitio más limpio... Si la calavera hubiera estado allí, la habría yo visto, por supuesto. Existía allí un misterio que me sentía incapaz de explicar; pero desde aquel mismo momento me pareció ver brillar débilmente, en las más remotas y secretas cavidades de mi entendimiento, una especie de luciérnaga, de la verdad de la cual nos ha aportado la aventura de la última noche una prueba tan magnífica. Me levanté al punto, y guardando con cuidado el pergamino dejé toda reflexión ulterior para cuando pudiese estar solo.

»En cuanto se marchó usted, y Júpiter estuvo profundamente dormido, me dediqué a un examen más metódico de la cuestión. En primer lugar, quise comprender de qué modo aquel pergamino estaba en mi poder. El sitio en que descubrimos el *scarabaeus* se hallaba en la costa del continente, a un kilómetro y medio aproximado al este de la isla, pero a corta distancia sobre el nivel de la marea alta. Cuando lo cogí, me picó con fuerza, haciendo que lo soltase. Júpiter, con su acostumbrada prudencia, antes de agarrar el insecto, que había volado hacia él, buscó a su alrededor una hoja o algo parecido con que apresarlo. En ese momento sus ojos, y también los míos, cayeron sobre el trozo de pergamino que supuse era un papel. Estaba medio sepultado en la arena, asomando una parte de él. Cerca del sitio donde lo encontramos vi los restos del casco de un gran barco, según me pareció. Aquellos restos de un naufragio daban la impresión de hallarse allí desde hacía mucho tiempo, pues apenas podía distinguirse su semejanza con el armazón de un barco.

»Júpiter recogió, pues, el pergamino, envolvió en él el insecto y me lo entregó. Poco después volvimos a casa y encontramos al teniente G***. Le enseñé el ejemplar y me rogó que le permitiese llevárselo al fuerte. Accedí a ello y se lo metió en el bolsillo de su chaleco sin el pergamino en que iba envuelto y que había conservado en la mano durante su examen. Quizá temió que cambiase de opinión y prefirió asegurar enseguida su presa; ya sabe usted que es un entusiasta de todo cuanto se relaciona con la historia natural. En aquel momento, sin darme cuenta de ello, debí de guardarme el pergamino en el bolsillo.

»Recordará usted que cuando me senté ante la mesa a fin de hacer un bosquejo del insecto no encontré papel donde habitualmente se guarda. Miré en el cajón y no lo encontré allí. Rebusqué en mis bolsillos, esperando hallar en ellos alguna carta antigua, cuando mis dedos tocaron el pergamino. Le detallo a usted de un modo exacto cómo cayó en mi poder, pues las circunstancias me impresionaron con una fuerza especial.

»Sin duda alguna usted me creyó un soñador; pero yo había establecido ya una especie de *conexión*. Acababa de unir dos eslabones de una gran cadena. Allí había un barco que naufragó en la costa, y, no lejos de aquel barco, un pergamino —*no un papel*— con una calavera pintada sobre él. Va usted, naturalmente, a preguntarme: ¿Dónde está la relación? Le responderé que la calavera es el emblema muy conocido de los piratas. Llevan izado el pabellón con la calavera en todos sus combates.

»Como le digo, era un trozo de pergamino, y no de papel. El pergamino es de una materia duradera, casi indestructible. Rara vez se consignan sobre uno cuestiones de poca monta, ya que se adapta mucho peor que el papel a las simples necesidades del dibujo o de la escritura. Esta reflexión me indujo a pensar en algún significado, en algo que tenía relación con la calavera. No dejé tampoco de observar *la forma* del pergamino. Aunque una de las esquinas aparecía rota por algún accidente, podía verse bien que la forma original era oblonga. Se trataba precisamente de una de esas tiras que se escogen como memorándum para apuntar algo que desea uno conservar largo tiempo y con cuidado.

—Pero —le interrumpí— dice usted que la calavera *no estaba* sobre el pergamino cuando dibujó el insecto. ¿Cómo, entonces, establece una relación entre el barco y la calavera, puesto que esta última, según su propio aserto, debe de haber sido dibujada (Dios únicamente sabe cómo y por quién) en algún período posterior a su apunte del *scarabaeus*?

—¡Ah! Sobre eso gira todo el misterio, aunque he tenido, en comparación, poca dificultad en resolver ese extremo del secreto. Mi marcha era segura y no podía conducirme más que a un solo resultado. Razoné así, por ejemplo: al dibujar el *scarabaeus*, no aparecía la calavera sobre el pergamino. Cuando terminé el dibujo, se lo di a usted y le observé con fijeza hasta que me lo devolvió. No era *usted*, por tanto, quien había dibujado la calavera, ni estaba allí presente nadie que hubiese podido hacerlo. No había sido, pues, realizado por un medio humano. Y, sin embargo, allí estaba.

»En este momento de mis reflexiones me dediqué a recordar, y *recordé*, en efecto, con entera exactitud, cada incidente ocurrido en el intervalo en cuestión. La temperatura era fría (¡oh raro y feliz accidente!) y el fuego llameaba en la chimenea. Había yo entrado en calor con el ejercicio y me senté junto a la mesa. Usted, empero, tenía vuelta su silla, muy cerca de la chimenea. En el momento justo de dejar el pergamino en su mano, y cuando iba usted a examinarlo, *Wolf*, el terranova, entró y saltó hacia sus hombros. Con su mano izquierda usted le acariciaba, intentando apartarle, cogido el pergamino con la derecha, entre sus rodillas y cerca del fuego. Hubo un instante en que creí que la llama iba a alcanzarlo, y me disponía a decírselo; pero antes que hubiese yo hablado lo retiró usted y se dedicó a examinarlo. Cuando hube considerado todos estos detalles, no dudé ni un segundo que aquel *calor* había sido el agente que hizo surgir a la luz sobre el pergamino la calavera cuyo contorno veía señalarse allí. Ya sabe que hay y ha habido en todo tiempo preparaciones químicas por medio de las cuales es posible escribir sobre papel o sobre vitela caracteres que no resultan visibles hasta que son sometidos a la acción del fuego. Se emplea algunas veces el zafre, disuelto en *aqua regia* y diluido en cuatro veces su peso de agua; así se origina un tono verde. El régulo de cobalto, disuelto en esencia de nitro, da el rojo. Estos colores desaparecen a intervalos más o menos largos, después que la materia sobre la cual se ha escrito se enfría, pero reaparecen a una nueva aplicación de calor.

»Examiné entonces la calavera con toda meticulosidad. Los contornos —los más próximos al borde del pergamino— resultaban mucho más *claros* que los otros. Era evidente que la acción del calor había sido imperfecta o desigual. Encendí inmediatamente el fuego y sometí cada parte del pergamino al calor ardiente. Al principio no tuvo aquello más efecto que reforzar las líneas débiles de la calavera; pero, perseverando en el ensayo, se hizo visible, en la esquina de la tira diagonalmente opuesta al sitio donde estaba trazada la calavera, una figura que supuse de primera intención era la de una cabra. Un examen más atento, no obstante, me convenció de que habían intentado representar un cabritillo.

—¡Ja, ja! —exclamé—. No tengo, sin duda, derecho a burlarme de usted (un millón y medio de dólares es algo muy serio para tomarlo a broma). Pero no irá a establecer un tercer eslabón en su cadena; no querrá encontrar ninguna relación especial entre sus piratas y una cabra; los piratas, como sabe, no tienen nada que ver con las cabras; eso es cosa de los granjeros.

—Pero si acabo de decirle que la figura *no* era la de una cabra.

—Bueno; la de un cabritillo, entonces; viene a ser casi lo mismo.

—Casi, pero no del todo —dijo Legrand—. Debe usted de haber oído hablar de un tal *capitán* Kidd. Consideré enseguida la figura de ese animal como una especie de firma logográfica y jeroglífica. Digo firma porque el sitio que ocupaba sobre el pergamino sugería esta idea. La calavera, en la esquina diagonal opuesta, tenía el aspecto de un sello, de una estampilla. Pero me hallé dolorosamente desconcertado ante la ausencia de todo lo demás del cuerpo de mi imaginado documento, del texto de mi contexto.

—Supongo que esperaba usted encontrar una carta entre el sello y la firma.

—Algo por el estilo. El hecho es que me sentí irresistiblemente impresionado por el presentimiento de una buena fortuna inminente. No podría decir por qué. Tal vez, después de todo, era más bien un deseo que una verdadera creencia; pero ¿no sabe que las absurdas palabras de Júpiter, afirmando que el escarabajo era de oro macizo, hicieron un notable efecto sobre mi imaginación? Y luego, esa serie de accidentes y coincidencias era, en realidad, *extraordinaria*. ¿Observa usted lo que había de fortuito en que esos acontecimientos ocurriesen *el único* día del año en que ha hecho, ha podido hacer, el suficiente frío para necesitarse fuego, y que, sin ese fuego, o sin la intervención del perro en el preciso momento en que apareció, no habría podido yo enterarme de lo de la calavera, ni habría entrado nunca en posesión del tesoro?

—Pero continúe... Me consume la impaciencia.

—Bien; habrá usted oído hablar de muchas historias que corren, de esos mil vagos rumores acerca de tesoros enterrados en algún lugar de la costa del Atlántico por Kidd y sus compañeros. Esos rumores deben de tener algún fundamento real. Y si existían desde hace tanto tiempo y con tanta persistencia, ello se debía, a mi juicio, tan sólo a la circunstancia de que el tesoro enterrado *permanecía* enterrado. Si Kidd hubiese escondido su botín durante cierto tiempo y lo hubiera recuperado después, no habrían llegado tales rumores hasta nosotros en su invariable forma actual. Observe que esas historias giran todas alrededor de buscadores, no de descubridores de tesoros. Si el pirata hubiera recuperado su botín, el asunto habría terminado allí. Parecíame que algún accidente —por ejemplo, la pérdida de la nota que indicaba el lugar preciso— debía de haberle privado de los medios para recuperarlo, llegando ese accidente a conocimiento de sus compañeros, quienes, de otro modo, no hubiesen podido saber nunca que un tesoro había sido escondido y que con sus búsquedas infructuosas, por carecer de guía al intentar recuperarlo, dieron nacimiento primero a ese rumor, difundido universalmente por entonces, y a las noticias tan corrientes ahora. ¿Ha oído usted hablar de algún tesoro importante que haya sido desenterrado a lo largo de la costa?

—Nunca.

—Pues es muy notorio que Kidd los había acumulado inmensos. Daba yo así por supuesto que la tierra seguía guardándolos, y no le sorprenderá mucho si le digo que abrigaba una esperanza que aumentaba casi hasta la certeza: la de que el pergamino tan singularmente encontrado contenía la última indicación del lugar donde se depositaba.

—Pero ¿cómo procedió usted?

—Expuse de nuevo la vitela al fuego, después de haberlo avivado; pero no apareció nada. Pensé entonces que era posible que la capa de mugre tuviera que ver en aquel fracaso; por eso lavé con esmero el pergamino vertiendo agua caliente encima, y una vez hecho esto, lo coloqué en una cacerola de cobre, con la calavera hacia abajo, y puse la cacerola sobre una lumbre de carbón. A los pocos minutos, estando ya la cacerola calentada a fondo, saqué la tira de pergamino, y fue inexpresable mi alegría al encontrarla manchada, en varios sitios, con signos que parecían cifras alineadas. Volví a colocarla en la cacerola, y la dejé allí otro minuto. Cuando la saqué estaba enteramente igual a como va usted a verla.

Y al llegar aquí, Legrand, habiendo calentado de nuevo el pergamino, lo sometió a mi examen. Los caracteres siguientes aparecían de manera toscamente trazada, en color rojo, entre la calavera y la cabra:

53‡‡†305))6*;4826)4‡.)4‡);806*;48†8¶60))85;1‡(;:‡*8†83
(88)5*†;46(;88*96*?;8)*‡(;485);5*†2:*‡(;4956*2(5*—4)8¶8*;
4069285);)6†8)4‡‡;1(‡9;48081;8:8‡1;48†85;4)485†528806*81
(‡9;48;(88;4(‡?34;48)4‡;161;:188;‡?;

—Pero —dije, devolviéndole la tira— sigo estando tan
a oscuras como antes. Si todas las joyas de Golconda
esperasen de mí la solución de este enigma, estoy en
absoluto seguro de que sería incapaz de obtenerlas.

—Y el caso —dijo Legrand— es que la solución no resulta tan difícil como cabe imaginar tras el primer examen apresurado de los caracteres. Estos caracteres, según pueden todos adivinar fácilmente, forman una
cifra, es decir, contienen un significado; pero por lo que
sabemos de Kidd, no podía suponerle capaz de cons-
truir una de las más abstrusas criptografías. Pensé, pues,
en primer lugar, que ésta era sencilla, aunque parecie-
se absolutamente indescifrable para la tosca inteligencia del marinero, sin la clave.

—¿Y la resolvió usted, en verdad?

—Fácilmente; había yo resuelto otras diez mil veces
más complicadas. Las circunstancias y cierta predisposición mental me han llevado a interesarme por tales acertijos, y es, en realidad, dudoso que el genio humano pueda crear un enigma de ese género que el
mismo ingenio humano no resuelva con una aplicación adecuada. En efecto, una vez que logré descubrir
una serie de caracteres visibles, no me preocupó la dificultad de desarrollar su significación.

»En el presente caso —y realmente en todos los casos de escritura secreta— la primera cuestión se refiere
al *lenguaje* de la cifra, pues los principios de solución,
en particular tratándose de las cifras más sencillas, de-
penden del genio peculiar de cada idioma y pueden ser
modificados por éste. En general, no hay otro medio
para conseguir la solución que ensayar (guiándose por
las probabilidades) todas las lenguas que os sean co-

nocidas, hasta encontrar la verdadera. Pero en la cifra de este caso toda dificultad quedaba resuelta por la firma. El retruécano sobre la palabra *Kidd** sólo es posible en lengua inglesa. Sin esa circunstancia hubiese yo comenzado mis ensayos por el español y el francés, por ser las lenguas en las cuales un pirata de mares españoles hubiera debido, con más naturalidad, escribir un secreto de ese género. Tal como se presentaba, presumí que el criptograma era inglés.

»Fíjese usted en que no hay espacios entre las palabras. Si los hubiese habido, la tarea habría sido fácil en comparación. En tal caso hubiera yo comenzado por hacer una colación y un análisis de las palabras cortas, y de haber encontrado, como es muy probable, una palabra de una sola letra —*a* o *I* (=uno, yo), por ejemplo—, habría estimado la solución asegurada. Pero como no había espacios allí, mi primera medida era averiguar las letras predominantes, así como las que se encontraban con menor frecuencia. Las conté todas y formé la siguiente tabla:

El signo 8		a		33	veces
»	;		»	26	»
»	4		»	19	»
»	‡		»	16	»
»	)		»	16	»
»	*		»	13	»
»	5		»	12	»
»	6		»	11	»
»	(		»	10	»
»	†		»	8	»
»	1		»	8	»
»	0		»	6	»
»	9		»	5	»
»	2		»	5	»
»	:		»	4	»
»	3		»	4	»
»	?.		»	3	»
»	¶		»	2	»
»	—		»	1	vez
»	.		»	1	»

---

* *Kid,* que significa «cabrito», «chivo».

»Ahora bien: la letra que se encuentra con mayor frecuencia en inglés es la *e*. Después, la serie es la siguiente: *a o i d h n r s t u y c f g l m w b k p q x z.*. La *e* predomina de un modo tan notable, que es raro encontrar una frase sola de cierta longitud de la que no sea el carácter principal.

»Tenemos, pues, nada más comenzar, una base para algo más que una simple conjetura. El uso general que puede hacerse de esa tabla es obvio; pero para esta cifra particular sólo nos serviremos de ella muy parcialmente. Puesto que nuestro signo predominante es el *8,* empezaremos por ajustarlo a la *e* del alfabeto natural. Para comprobar esta suposición, observemos si el *8* aparece a menudo por pares —pues la *e* se dobla con gran frecuencia en inglés— en palabras como, por ejemplo, *meet, fleet, speed, seen, been, agree,* etcétera. En el caso presente vemos que está doblado lo menos cinco veces, aunque el criptograma sea breve.

»Tomemos, pues, el *8* como *e*. Ahora, de todas las *palabras* de la lengua, *the* es la más usual; por tanto, debemos ver si no está repetida la combinación de tres signos, siendo el último de ellos el *8*. Si descubrimos repeticiones de tal letra así dispuestas, representarán, muy probablemente, la palabra *the*. Una vez comprobado esto, encontraremos no menos de siete de tales combinaciones, siendo los signos *;48*. Podemos, pues, suponer que el punto y coma representa la *t,* el 4 representa la *h,* y el *8* representa la *e*, quedando este último así comprobado. Hemos dado ya un gran paso.

»Acabamos de establecer una sola palabra; pero ello nos permite establecer también un punto más importante; es decir, varios comienzos y terminaciones de otras palabras. Veamos, por ejemplo, el penúltimo caso en que aparece la combinación *;48* casi al final de la cifra. Sabemos que el punto y coma que viene inmediatamente después es el comienzo de una palabra, y de los seis signos que siguen a ese *the,* conocemos, por lo menos, cinco. Sustituyamos, pues, esos signos por las letras que representan, dejando un espacio para el desconocido:

t eeth.

»Debemos, en primer lugar, desechar el *th* como no formando parte de la palabra que comienza por la primera *t,* pues vemos, ensayando el alfabeto entero para adaptar una letra al hueco, que es imposible formar una palabra de la que ese *th* pueda formar parte. Reduzcamos, pues, los signos a

t ee.

»Y volviendo al alfabeto, si es necesario, como antes, llegamos a la palabra *tree* (árbol), como la única que puede leerse. Ganamos así otra letra, la *r,* representada por *(,* más las palabras yuxtapuestas *the tree* (el árbol).

»Un poco más lejos de estas palabras, a poca distancia, vemos de nuevo la combinación „48 y la empleamos como *terminación* de lo que precede inmediatamente. Tenemos así esta distribución:

the tree ;4‡?34 the,

o sustituyendo con letras naturales los signos que conocemos, leeremos esto:

the tree thr‡?3h the.

»Ahora, si sustituimos los signos desconocidos por espacios blancos o por puntos, leeremos:

the tree thr... h the,

y, por tanto, la palabra *through* (por, a través) resulta evidente por sí misma. Pero este descubrimiento nos da tres nuevas letras, *o, u* y *g,* representadas por ‡? y 3.

»Buscando ahora cuidadosamente en la cifra combinaciones de signos conocidos, encontraremos no lejos del comienzo esta disposición:

que es, evidentemente, la terminación de la palabra *degree* (grado), que nos da otra letra, la *d*, representada por †.

»Cuatro letras más lejos de la palabra *degree* observamos la combinación

;46 (;88*,

cuyos signos conocidos traducimos, representando el desconocido por puntos, como antes; y leemos:

th.rtee.

»Arreglo que nos sugiere acto seguido la palabra *thirteen* (trece) y que nos vuelve a proporcionar dos letras nuevas, la *i* y la *n*, representadas por *6* y ***.

»Volviendo ahora al principio del criptograma, encontramos la combinación

53‡‡†

»Traduciendo como antes, obtendríamos

.good.

»Lo cual nos asegura que la primera letra es una *A*, y que las dos primeras palabras son *A good* (un bueno, una buena).

»Sería tiempo ya de disponer nuestra clave, conforme a lo descubierto, en forma de tabla para evitar confusiones. Nos dará lo siguiente:

5	representa	a
†	»	d
8	»	e
3	»	g.
4	»	h.

6	»	i
*	»	n
‡	»	o
(	»	r
;	»	t

»Tenemos así no menos de diez de las letras más importantes representadas, y es inútil buscar la solución con esos detalles. Ya le he dicho lo suficiente para convencerle de que cifras de ese género son de fácil solución y para darle algún conocimiento de su desarrollo *razonado*. Pero tenga la seguridad de que la muestra que tenemos delante pertenece al tipo más sencillo de la criptografía. Sólo me queda darle la traducción entera de los signos escritos sobre el pergamino, ya descifrados. Hela aquí:

A good glass in the bishop's hostel in the devil's seat forty-one degrees and thirteen minutes northeast and by north main branch seventh limb east side shoot from the left eye of the death's-head a bee line from the tree trhough the shot fifty feet out[*].

—Pero —dije— el enigma me parece de tan mala calidad como antes. ¿Cómo es posible sacar un sentido cualquiera de toda esa jerga referente a «la silla del diablo», «la cabeza de muerto» y «el hostal o la hostería del obispo»?

—Reconozco —replicó Legrand— que el asunto presenta un aspecto serio cuando echa uno sobre él una ojeada casual. Mi primer empeño fue separar lo escrito en las divisiones naturales que había intentado el criptógrafo.

—¿Quiere usted decir puntearlo?

—Algo por el estilo.

—Pero ¿cómo le fue posible hacerlo?

---

[*] Un buen vaso en la hostería del obispo en la silla del diablo cuarenta y un grados y trece minutos Noreste cuarto de Norte rama principal séptimo vástago lado Este soltar desde el ojo izquierdo de la cabeza de muerto una línea de abeja desde el árbol a través de la bala quince metros hacia fuera.

—Pensé que el rasgo característico del escritor había consistido en agrupar sus palabras sin separación alguna, queriendo así aumentar la dificultad de la solución. Ahora bien: un hombre poco agudo, al perseguir tal objeto, tendrá, seguramente, la tendencia a superar la medida. Cuando en el curso de su composición llegaba a una interrupción de su tema que requería, naturalmente, una pausa o un punto, se excedió, en su tendencia a agrupar sus signos, más que de costumbre. Si observa usted ahora el manuscrito le será fácil descubrir cinco de esos casos de inusitado agrupamiento. Utilizando ese indicio, hice la consiguiente división:

A good glass in the bishop's hostel in the devil's seat — forty-one degrees and thirteen minutes — northeast and by north — main branch seventh limb east side — shoot from the left eye of the death's-head — a bee line from the tree through the shot fifty feet out[*].

—Aun con esa separación —dije—, sigo estando a oscuras.

—También yo lo estuve —replicó Legrand— por espacio de algunos días, durante los cuales realicé diligentes pesquisas en las cercanías de la isla de Sullivan sobre una casa que llevase el nombre de Hotel del Obispo, pues, por supuesto, deseché la palabra anticuada «hostal, hostería». No logrando ningún informe sobre la cuestión, estaba a punto de extender el campo de mi búsqueda y de obrar de un modo más sistemático, cuando una mañana se me ocurrió de repente que aquel «Bishop's Hostel» podía tener alguna relación con una antigua familia apellidada Bessop, la cual, desde tiempo inmemorial, era dueña de una antigua casa solarie-

---

[*] Un buen vaso en la hostería del obispo en la silla del diablo — cuarenta y un grados y trece minutos — Noreste cuarto de Norte — rama principal séptimo vástago lado Este — soltar desde el ojo izquierdo de la cabeza de muerto — una línea de abeja desde el árbol a través de la bala quince metros hacia fuera.

ga, a unos seis kilómetros aproximadamente al norte de la isla. De acuerdo con lo cual fui a la plantación y comencé de nuevo mis pesquisas entre los negros más viejos del lugar. Por último, una de las mujeres de más edad me dijo que ella había oído hablar de un sitio como *Bessop's Castle* (castillo de Bessop) y que creía poder conducirme hasta él, pero no era un castillo ni mesón, sino una alta roca.

»Le ofrecí retribuirle bien por su molestia, y después de alguna vacilación, consintió en acompañarme hasta aquel sitio. Lo descubrimos sin gran dificultad; entonces la despedí y me dediqué al examen del paraje. El *castillo* consistía en una agrupación irregular de macizos y rocas, una de éstas muy notable, tanto por su altura como por su aislamiento y su aspecto artificial. Trepé a la cima, y entonces me sentí perplejo ante lo que debía hacer después.

»Mientras meditaba en ello, mis ojos cayeron sobre un estrecho reborde en la cara oriental de la roca, a un metro quizá por debajo de la cúspide donde estaba colocado. Aquel reborde sobresalía unos cuarenta y cinco centímetros y no tendría más de treinta centímetros de anchura; un entrante en el risco, justamente encima, le daba una tosca semejanza con las sillas de respaldo cóncavo que usaban nuestros antepasados. No dudé que aquello fuese la «silla del diablo» a la que aludía el manuscrito, y me pareció descubrir ahora el secreto entero del enigma.

»El "buen vaso", lo sabía yo, no podía referirse más que a un catalejo, pues los marineros de todo el mundo rara vez emplean la palabra "vaso" en otro sentido. Comprendí ahora enseguida que debía utilizarse un catalejo desde un punto de vista determinado *que no admitía variación*. No dudé un instante en pensar que las frases "cuarenta y un grados y trece minutos" y "Noreste cuarto de Norte" debían indicar la dirección en que debía apuntarse el catalejo. Sumamente excitado por aquellos descubrimientos, marché presuroso a casa, cogí un catalejo y volví a la roca.

»Me dejé escurrir sobre el reborde y vi que era imposible permanecer sentado allí, salvo en una posición especial. Este hecho confirmó mi preconcebida idea. Me dispuse a utilizar el catalejo. Naturalmente, los "cuarenta y un grados y trece minutos" podían aludir sólo a la elevación por encima del horizonte visible, puesto que la dirección horizontal estaba indicada con claridad por las palabras "Noreste cuarto de Norte". Establecí esta última dirección por medio de una brújula de bolsillo; luego, apuntando el catalejo con tanta exactitud como pude con un ángulo de cuarenta y un grados de elevación, lo moví con cuidado de arriba abajo, hasta que llamó mi atención una grieta circular u orificio en el follaje de un gran árbol que sobresalía de todos los demás, a distancia. En el centro de aquel orificio divisé un punto blanco; pero no pude distinguir al principio lo que era. Graduando el foco del catalejo, volví a mirar, y comprobé ahora que era un cráneo humano.

»Después de este descubrimiento consideré con entera confianza el enigma como resuelto, pues la frase "rama principal, séptimo vástago, lado Este" no podía referirse más que a la posición de la calavera sobre el árbol, mientras lo de "soltar desde el ojo izquierdo de la cabeza de muerto" no admitía tampoco más que una interpretación con respecto a la búsqueda de un tesoro enterrado. Comprendí que se trataba de dejar caer una bala desde el ojo izquierdo, y que una línea de abeja o, en otras palabras, una línea recta, partiendo del punto más cercano al tronco por "la bala" (o por el punto donde cayese la bala), y extendiéndose desde allí a una distancia de quince metros, indicaría el sitio preciso, y debajo de este sitio juzgué que era, por lo menos, *posible* que estuviese escondido un depósito valioso.

—Todo eso —dije— es harto claro, y asimismo ingenioso, sencillo y explícito. Y cuando abandonó usted el Hotel del Obispo, ¿qué hizo?

—Pues, habiendo anotado escrupulosamente la orientación del árbol, me volví a casa. Sin embargo, en el momento de abandonar «la silla del diablo», el orificio circular desapareció, y de cualquier lado que me volviese érame ya imposible divisarlo. Lo que me parece el colmo del ingenio en este asunto es el hecho (pues al repetir la experiencia me he convencido de que *es* un hecho) de que la abertura circular en cuestión resulta sólo visible desde un punto, que es el indicado por esa estrecha cornisa sobre la superficie de la roca.

»En esta expedición al Hotel del Obispo fui seguido por Júpiter, quien observaba, sin duda, desde hacía unas semanas mi aire absorto y ponía un especial cuidado en no dejarme solo. Pero al día siguiente me levanté muy temprano, conseguí escaparme de él y corrí a las colinas en busca del árbol. Me costó mucho trabajo encontrarlo. Cuando volví a casa por la noche, mi criado se disponía a vapulearme. En cuanto al resto de la aventura, creo que está usted tan enterado como yo.

—Supongo —dije— que equivocó usted el sitio en las primeras excavaciones a causa de la estupidez de Júpiter, dejando caer el escarabajo por el ojo derecho de la calavera en lugar de hacerlo por el izquierdo.

—Exactamente. Esa equivocación originaba una diferencia de seis centímetros, poco más o menos, en relación con la bala, es decir, en la posición de la estaca junto al árbol, y si el tesoro hubiera estado *bajo* la «bala», el error habría tenido poca importancia; pero la «bala», y al mismo tiempo el punto más cercano al árbol, representaban simplemente dos puntos para establecer una línea de dirección; claro está que el error, aunque insignificante al principio, aumentaba al avanzar siguiendo la línea, y cuando hubimos llegado a una distancia de quince metros, nos había apartado por completo de la pista. Sin mi idea arraigada a fondo de que había allí algo enterrado, todo nuestro trabajo hubiera sido inútil.

»Supongo que la idea de *la calavera*, la de dejar caer una bala por el ojo de la calavera, se la sugirió a Kidd la bandera pirata. Sin duda sintió una especie de lógica poética al recuperar su dinero por medio de esta ominosa enseña.

»Así era quizá; de todos modos no puedo dejar de pensar que su sentido común tenía tanto que ver en el asunto como la lógica poética. Para poder verlo desde la silla del diablo era necesario que el objeto, si era pequeño, fuera blanco, y no hay nada como una calavera humana para conservar e incluso incrementar su blancura cuando se encuentra expuesta a todas las vicisitudes del tiempo.

—Pero su grandilocuencia, su actitud balanceando el insecto, ¡eran excesivamente estrambóticas! Tenía yo la certeza de que estaba usted loco. ¿Y por qué insistió en dejar caer el escarabajo desde la calavera en vez de una bala?

—¡Vaya! Para serle franco, me sentía algo molesto por sus claras sospechas respecto a mi sano juicio, y decidí castigarle algo, a mi manera, con un poquito de serena mixtificación. Por esa razón balanceaba yo el insecto, y por esa razón también quise dejarlo caer desde el árbol. Una observación que hizo usted acerca de su peso me sugirió esta última idea.

—Sí lo comprendo; y ahora no hay más que un punto que me desconcierta. ¿Qué vamos a decir de los esqueletos encontrados en el hoyo?

—Ésa es una pregunta a la cual, lo mismo que usted, no sería yo capaz de contestar. No veo, por cierto, más que un modo plausible de explicar eso; pero mi sugerencia entraña una atrocidad tal, que resulta horrible de creer. Parece claro que Kidd (si fue verdaderamente Kidd quien escondió el tesoro, lo cual no dudo), debió de hacerse ayudar en su trabajo. Pero, una vez terminado éste, pudo juzgar conveniente suprimir a todos los que compartían su secreto. Acaso un par de azadonazos fueron suficientes, mientras sus ayudantes estaban ocupados en el hoyo; acaso necesitó una docena. ¿Quién nos lo dirá?

LOS CRÍMENES DE LA RUE MORGUE

> ¿Qué canción cantaron las sirenas? ¿Qué nombre tomó Aquiles cuando se escondió entre mujeres? Preguntas que, aunque sorprendentes, no se encuentran libres de *toda* conjetura.
>
> THOMAS BROWNE, *Urnas funerarias.*

Las condiciones mentales que pueden considerarse como analíticas son, en sí mismas, de difícil análisis. Las consideramos tan sólo por sus efectos. De ellas conocemos, entre otras cosas, que son siempre, para el que las posee, cuando se poseen en grado extraordinario, una fuente de vivísimos goces. Del mismo modo que el hombre fuerte disfruta con su habilidad física, deleitándose en ciertos ejercicios que ponen en acción sus músculos, el analista goza con esa actividad intelectual que se ejerce en el hecho de *desentrañar*. Consigue satisfacción hasta de las más triviales ocupaciones que ponen en juego su talento. Se desvive por los enigmas, acertijos y jeroglíficos, y en cada una de las soluciones muestra un sentido de *agudeza* que parece al vulgo una penetración sobrenatural. Los resultados obtenidos por un solo espíritu y la esencia de su procedimiento adquieren, realmente, la apariencia total de una intuición.

Esta facultad de resolución está, tal vez, muy fortalecida por los estudios matemáticos, y especialmente por esa importantísima rama de ellos que, con ninguna propiedad y sólo teniendo en cuenta sus operaciones previas, ha sido llamada *par excellence* análisis. Y, no obstante, calcular no es intrínsecamente analizar. Un ajedrecista, por ejemplo, lleva a cabo lo uno sin esforzarse en lo otro. De esto se deduce que el juego del ajedrez, en sus efectos sobre el carácter mental, no está lo suficientemente comprendido.

Yo no intento escribir un tratado en estas líneas, sino que prologo únicamente un relato muy singular, con observaciones efectuadas a la ligera. Usaré, por tanto, de esta ocasión para asegurar que las facultades más importantes de la inteligencia reflexiva trabajan con mayor decisión y provecho en el sencillo juego de damas que en toda esa frivolidad primorosa del ajedrez. En este último, donde las piezas tienen, cada una, distintos y *raros* movimientos, con diversos y variables valores, lo que tan sólo es complicado se toma equivocadamente, error muy común, por profundo. La *atención,* aquí, es poderosamente puesta en juego. Si un solo instante flaquea, se comete un descuido, cuyos resultados implican pérdida o derrota.

Como quiera que los movimientos posibles no son solamente variados, sino complicados, las posibilidades de estos descuidos son múltiples: de cada diez casos, nueve triunfa el jugador más capaz de concentración y no el más perspicaz. En el juego de damas, por el contrario, donde los movimientos son *únicos* y de muy poca variación, las posibilidades de descuido son menores, y como la atención queda relativamente distraída, las ventajas que consigue cada una de las partes lo son por una *perspicacia* superior.

Para ser menos abstractos supongamos, por ejemplo, un juego de damas cuyas piezas se han reducido a cuatro reinas y donde no es posible el descuido. Evidentemente, en este caso, la victoria, hallándose los jugadores en absoluta igualdad de condiciones, puede decidirse en virtud de un movimiento *calculado* resultante de un determinado esfuerzo de la inteligencia. Privado de los recursos ordinarios, el analista consigue penetrar en el espíritu de su contrario. Por tanto, se identifica con él, y a menudo descubre de una ojeada el único medio —a veces, en realidad, absurdamente sencillo— en virtud del cual puede inducirle a error o llevarle a un cálculo equivocado.

Desde hace largo tiempo se ha citado el *whist* por su acción sobre la facultad calculadora. Se ha visto que hombres de gran inteligencia han encontrado en él un goce aparentemente inexplicable, mientras abandonaban el ajedrez como una frivolidad. No hay duda de que no hay juego alguno que, en relación con éste, haga trabajar tanto la facultad analítica. El mejor jugador de ajedrez del mundo no *puede* ser más que el mejor jugador de ajedrez. Pero la habilidad en el *whist* implica ya capacidad para el triunfo en todas las demás importantes empresas en las que la inteligencia se enfrenta con la inteligencia. Cuando digo habilidad, me refiero a esa perfección en el juego que lleva consigo una comprensión de *todas* las fuentes de las que se deriva una legítima ventaja. Estas fuentes no sólo son diversas, sino también multiformes. Frecuentemente se hallan en las profundidades del pensamiento, y son por entero inaccesibles para las inteligencias ordinarias. Observar atentamente es recordar distintamente.

Y desde este punto de vista, el jugador de ajedrez capaz de intensa concentración jugará muy bien al *whist*, puesto que las reglas de Hoyle, basadas en el puro mecanismo del juego, son suficientes y generalmente inteligibles. Por esto, poseer una buena memoria y jugar de acuerdo con el libro son puntos comúnmente considerados como el cumplimiento total del jugador excelente. Pero en aquellos casos que se encuentran fuera de los límites de la pura regla es donde se demuestra el talento del analista. En silencio, realiza una porción de observaciones y deducciones. Posiblemente, sus compañeros harán otro tanto, y la diferencia en la extensión de la información adquirida no se basará tanto en la validez de la deducción como en la calidad de la observación.

Lo principal, lo importante, es saber *lo que debe* ser observado. Nuestro jugador no se reduce únicamente al juego, y aunque éste sea el objeto actual de su atención, habrá de prescindir de determinadas deducciones originadas al considerar objetos extraños al juego.

Examina la fisonomía de su compañero, y la compara cuidadosamente con la de cada uno de sus contrarios. Se fija en el modo de distribuir las cartas a cada mano, con frecuencia calculando triunfo por triunfo y tanto por tanto, observando las miradas de los jugadores ante su juego. Se da cuenta de cada una de las variaciones de los rostros, a medida que adelanta el juego, recogiendo gran número de ideas por las diferencias que observa en las distintas expresiones de seguridad, sorpresa, triunfo o desagrado. En la manera de recoger una baza juzga si la misma persona podría hacer la que sigue. Reconoce la carta jugada en el ademán con que se deja sobre la mesa. Una palabra casual o involuntaria; la forma accidental con que cae una carta, o el volverla sin querer, con la ansiedad o la indiferencia que acompañan la acción de evitar que sea vista; la cuenta de las bazas y el orden de su colocación; la perplejidad, la duda, el entusiasmo o el temor, todo ello facilita a su percepción, intuitiva en apariencia, indicaciones del verdadero estado de cosas. Cuando se han dado las dos o tres primeras vueltas, conoce completamente los juegos de cada uno, y, desde aquel momento, echa sus cartas con tal absoluto dominio como si los demás jugadores las tuvieran vueltas hacia él.

La facultad analítica no debe confundirse con el simple ingenio, porque mientras el analista es, necesariamente, ingenioso, el hombre ingenioso está con frecuencia notablemente incapacitado para el análisis. La facultad constructiva o de combinación con que, por lo general, se manifiesta el ingenio, y a la que los frenólogos, equivocadamente a mi parecer, asignan un órgano aparte, suponiendo que se trata de una facultad primordial, se ha visto tan a menudo en individuos cuya inteligencia bordeaba, por otra parte, la idiotez, que ha llamado la atención general entre los escritores de temas morales. Entre el ingenio y la aptitud analítica hay una diferencia mucho mayor, en efecto, que entre la fantasía y la imaginación, aunque son de carácter rigurosamente análogo. En realidad, se observará fácilmente que el hombre ingenioso es siempre fan-tástico, mientras que el *verdadero* imaginativo nunca deja de ser analítico. El relato que sigue a continuación podrá servir en cierto modo al lector para ilustrarle en una interpretación de las proposiciones que acabo de anticipar.

Encontrándome en París durante la primavera y parte del verano de 18..., conocí allí a un señor llamado C. Auguste Dupin. Pertenecía este joven caballero a una excelente, es decir, ilustre, familia; pero por una serie de adversos sucesos habíase quedado reducido a tal pobreza, que sucumbió la energía de su carácter y renunció a sus ambiciones mundanas, lo mismo que a procurar el restablecimiento de su hacienda. Con el beneplácito de sus acreedores, quedó todavía en posesión de un pequeño resto de su patrimonio, y con la renta que éste le producía encontró el medio, gracias a una economía rigurosa, de subvenir a las necesidades de su vida, sin preocuparse en absoluto por lo más superfluo. En realidad, su único lujo eran libros, y en París éstos son fáciles de adquirir.

Nuestro conocimiento tuvo efecto en una oscura biblioteca de la rue Montmartre, donde nos puso en estrecha intimidad la coincidencia de buscar los dos un muy raro y al mismo tiempo notable volumen. Nos vimos con frecuencia. Yo me había interesado vivamente por la sencilla historia de su familia, que me contó con todo pormenor, con la ingenuidad y abandono con que un francés se explaya en sus confidencias cuando habla de sí mismo. Por otra parte, me admiraba del número de sus lecturas, y, sobre todo, me llegaba al alma el vehemente afán y la viva frescura de su imaginación. La índole de las investigaciones que me ocuparon entonces en París me hicieron comprender que la amistad de un hombre semejante era para mí un inapreciable tesoro.

Con esta idea me confié sin reserva a él. Por último, convinimos en que viviríamos juntos todo el tiempo que durase mi permanencia en la ciudad, y como mis asuntos económicos se desenvolvían menos embarazosamente que los suyos, me fue permitiendo participar en los gastos de alquilar y amueblar, de acuerdo con el carácter algo fantástico y melancólico de nuestro común temperamento, una vieja y grotesca casa abandonada hacía ya mucho tiempo, en virtud de ciertas suposiciones que no quisimos averiguar. Lo cierto es que la casa se estremecía como si fuera a hundirse en un retirado y desolado rincón del *faubourg* Saint-Germain.

Si hubiera sido conocida por la gente la rutina de nuestra vida en aquel lugar, nos hubiera tomado por locos, aunque de especie inofensiva. Nuestra reclusión era completa. No recibíamos visita alguna. En realidad, el lugar de nuestro retiro era un secreto guardado cuidadosamente para mis antiguos camaradas, y ya hacía mucho tiempo que Dupin había cesado de frecuentar o hacerse visible en París. Vivíamos sólo para nosotros.

Una rareza del carácter de mi amigo —no sé cómo calificarla de otro modo— consistía en estar enamorado de la noche. Pero con esta *bizarrerie*, como con todas las demás suyas, condescendía yo tranquilamente, y me entregaba a sus singulares caprichos con un perfecto *abandono*. No siempre podía estar con nosotros la negra divinidad, pero sí podíamos falsear su presencia. En cuanto la mañana alboreaba, cerrábamos inmediatamente los macizos postigos de nuestra vieja casa y encendíamos un par de bujías perfumadas intensamente, y que no daban más que un resplandor muy pálido y débil. En medio de esta tímida claridad, entregábamos nuestras almas a sus sueños; leíamos, escribíamos o conversábamos hasta que el reloj nos advertía de la llegada de la verdadera oscuridad. Salíamos entonces, cogidos del brazo, a pasear por aquellas calles, continuando la conversación del día y rondando por doquier hasta muy tarde, buscando a través de las estrafalarias luces y sombras de la populosa ciudad esas innumerables excitaciones mentales que no puede procurar la tranquila meditación.

En circunstancias tales, yo no podía menos de notar y admirar en Dupin, aunque ya, por la rica imaginación de que estaba dotado, me sentía preparado a esperarlo, un talento particularmente analítico. Por otra parte, parecía deleitarse intensamente en ejercitarlo, ya que no concretamente en ejercerlo, y no vacilaba en confesar el placer que ello le producía. Vanagloriábase ante mí, burlonamente, de que muchos hombres, para él, llevaban ventanas en sus pechos, y acostumbraba apoyar tales afirmaciones usando pruebas muy sorprendentes y directas de su íntimo conocimiento hacia mí.

En tales momentos, sus maneras eran glaciales y abstraídas. Quedábanse sus ojos sin expresión, mientras su voz, por lo general ricamente atenorada, se elevaba hasta un timbre atiplado, que hubiera parecido petulante de no ser por la ponderada y completa claridad de su pronunciación. A menudo, viéndolo en tales disposiciones de ánimo, meditaba yo acerca de la antigua filosofía del Alma Doble, y me divertía la idea de un doble Dupin: el creador y el analítico.

Por cuanto acabo de decir, no hay que creer que estoy contando algún misterio o escribiendo una novela. Mis observaciones a propósito de este francés no son más que el resultado de una inteligencia hiperestesiada o enferma, tal vez. Un ejemplo dará mejor idea de la naturaleza de sus observaciones durante la época a que aludo.

Íbamos una noche paseando por una calle larga y sórdida, cercana al Palais Royal. Al parecer, cada uno de nosotros se había sumido en sus propios pensamientos, y por lo menos durante quince minutos ninguno pronunció una sola sílaba. De pronto Dupin rompió el silencio con estas palabras:

—En realidad, ese muchacho es demasiado pequeño y estaría mejor en el *Théatre des Variétés*.

—No cabe duda —repliqué, sin fijarme en lo que decía, y sin apreciar en aquel momento, tan absorto había estado en mis reflexiones, el modo extraordinario con que mi interlocutor había hecho coincidir sus palabras con mis meditaciones.

Un momento después me repuse y experimenté un profundo asombro.

—Dupin —dije gravemente—, lo que ha sucedido excede mi comprensión. No vacilo en manifestar que estoy asombrado y que apenas puedo dar crédito a lo que he oído. ¿Cómo es posible que usted haya podido adivinar que estaba pensando en...?

Diciendo esto, me interrumpí, para asegurarme, ya sin ninguna duda, de que él sabía realmente en quién pensaba.

—¿En Chantilly? —preguntó—. ¿Por qué se ha interrumpido usted? Usted pensaba que su escasa estatura no era la apropiada para dedicarse a la tragedia.

Esto era precisamente lo que había constituido el tema de mis reflexiones. Chantilly era un *ex* zapatero remendón de la rue Saint-Denis, apasionado por el teatro y que había estudiado el *rôle* de Jerjes en la tragedia de Crébillon de este título. Pero sus esfuerzos habían provocado la burla del público.

—Dígame usted, por Dios —exclamé—, por qué método, si es que hay alguno, ha penetrado usted en mi alma en este caso.

Realmente, estaba yo mucho más asombrado de lo que hubiese querido confesar.

—Ha sido el vendedor de frutas —contestó mi amigo— quien le ha llevado a usted a la conclusión de que el remendón de suelas no tiene suficiente estatura para representar el papel de Jerjes *et id genus omne*[*].

—¿El vendedor de frutas? Me asombra usted. No conozco a ninguno.

—Sí; es ese hombre con quien ha tropezado usted al entrar en esta calle, hará unos quince minutos aproximadamente.

Recordé entonces que, en efecto, un vendedor de frutas, que llevaba sobre la cabeza una gran banasta de

_____
[*] «Y para ninguno de su clase.» (En latín en el original.)

manzanas, estuvo a punto de hacerme caer, sin pretenderlo, cuando pasábamos de la rue C*** a la calleja en que ahora nos encontrábamos. Pero yo no podía comprender la relación de este hecho con Chantilly.

No había por qué suponer *charlatanerie* alguna en Dupin.

—Se lo explicaré —me dijo—. Para que pueda usted darse cuenta de todo claramente, vamos a repasar primero en sentido inverso el curso de sus meditaciones desde este instante en que le estoy hablando hasta el de su *rencontre* con el vendedor de frutas. En sentido inverso, los más importantes eslabones de la cadena se suceden de esta forma: Chantilly, Orión, doctor Nichols, Epicuro, estereotomía, los adoquines y el vendedor de frutas.

Existen pocas personas que no se hayan entretenido, en cualquier momento de su vida, en recorrer en sentido inverso las etapas por las cuales han sido conseguidas ciertas conclusiones de su inteligencia. Frecuentemente es una ocupación llena de interés, y el que la prueba por primera vez se asombra de la aparente distancia ilimitada y de la falta de ilación que parece mediar desde el punto de partida hasta la meta final. Júzguese, pues, cuál no sería mi asombro cuando escuché lo que el joven francés acababa de decir, y no pude menos de reconocer que había dicho verdad. Continuó después de este modo:

—Si bien recuerdo, en el momento en que íbamos a dejar la rue C*** hablábamos de caballos. Éste era el último tema que discutíamos. Al entrar en esta calle, un vendedor de frutas, que llevaba una gran banasta sobre la cabeza, pasó velozmente ante nosotros y lo empujó a usted contra un montón de adoquines, en un lugar donde la calzada se encuentra en reparación. Usted puso el pie sobre una de las piedras sueltas, resbaló y se torció levemente el tobillo. Aparentó usted cierto fastidio o mal humor, murmuró unas palabras, volviose para observar el montón de adoquines y continuó luego caminando en silencio. Yo no prestaba particular atención a lo que usted hacía; pero desde hace mucho tiempo la observación se ha convertido para mí en una especie de necesidad.

»Caminaba usted con los ojos fijos en el suelo, atendiendo a los baches y rodadas del empedrado, por lo que deduje que continuaba usted pensando todavía en las piedras. Procedió así hasta que llegamos a la callejuela llamada Lamartine, que, a modo de prueba, ha sido pavimentada con tarugos sobrepuestos y acoplados sólidamente. Al entrar en ella, su rostro se iluminó, y me di cuenta de que se movían sus labios. Por este movimiento no me fue posible dudar que pronunciaba usted la palabra "estereotomía", término que tan pretenciosamente se aplica a esta especie de pavimentación. Yo estaba seguro de que no podía usted pronunciar para sí la palabra "estereotomía" sin que esto le llevara a pensar en los átomos, y, por consiguiente, en las teorías de Epicuro.

»Y como quiera que no hace mucho rato discutíamos este tema, le hice notar a usted de qué modo tan singular, y sin que ello haya sido muy notado, las vagas conjeturas de ese noble griego han encontrado en la reciente cosmogonía nebular su confirmación. He comprendido por esto que no podía usted resistir a la tentación de levantar sus ojos a la gran *nebulosa* de Orión, y con toda seguridad he esperado que usted lo hiciera. En efecto, usted ha mirado a lo alto, y he adquirido entonces la certeza de haber seguido correctamente el hilo de sus pensamientos. Ahora bien: en la amarga *tirade* sobre Chantilly, publicada ayer en el *Musée,* el escritor satírico, haciendo mortificantes alusiones al cambio de nombre del zapatero al calzarse el coturno, citaba un verso latino del que hemos hablado nosotros con frecuencia. Me refiero a éste:

Perdidit antiquum litera prima sonum [*].

_____

[*] «La primera letra perdió su antiguo sonido.» (En latín en el original.)

»Yo le había dicho a usted que este verso se relacionaba con la palabra Orión, que en un principio escribíase Urion. Además, por determinadas discusiones un tanto apasionadas que tuvimos acerca de mi interpretación, tuve la seguridad de que usted no la habría olvidado. Por tanto, era evidente que asociara usted las dos ideas: Orión y Chantilly, y esto lo he comprendido por la forma de la sonrisa que he visto en sus labios. Ha pensado usted, pues, en aquella inmolación del pobre zapatero. Hasta ese momento usted había caminado con el cuerpo encorvado, pero a partir de ese momento se irguió usted, recobrando toda su estatura. Este movimiento me ha confirmado que pensaba usted en la diminuta figura de Chantilly, y ha sido entonces cuando he interrumpido sus meditaciones para observar que, por tratarse de un hombre de baja estatura, estaría mejor Chantilly en el *Théatre des Variétés.*

Poco después hojeábamos una edición de la tarde de la *Gazette des Tribunaux,* cuando llamaron nuestra atención los siguientes titulares:

EXTRAORDINARIOS CRÍMENES

«Esta madrugada, alrededor de las tres, los habitantes del *quartier* Saint-Roch fueron despertados por una serie de espantosos gritos que parecían proceder del cuarto piso de una casa de la rue Morgue, ocupada, según se dice, por una tal madame L'Espanaye y su hija, mademoiselle Camille L'Espanaye. Después de algún tiempo empleado en infructuosos esfuerzos para poder penetrar buenamente en la casa, se forzó la puerta de entrada con una palanca de hierro, y entraron ocho o diez vecinos acompañados de dos *gendarmes.* En ese momento cesaron los gritos; pero en cuanto aquellas personas llegaron apresuradamente al primer rellano de la escalera, se distinguieron dos o más voces ásperas que parecían disputar violentamente y proceder de la parte alta de la casa. Cuando la gente llegó al segundo rellano, cesaron también aquellos rumores y todo permaneció en absoluto silencio. Los vecinos recorrieron todas las habitaciones precipitadamente. Al llegar, por último, a una gran sala situada en la parte posterior del cuarto piso, cuya puerta hubo de ser forzada por estar cerrada interiormente con llave, ofreciose a los circunstantes un espectáculo que sobrecogió sus ánimos, no sólo de horror, sino también de asombro.

»Hallábase la habitación en violento desorden, rotos los muebles y diseminados en todas direcciones. No quedaba más lecho que la armadura de una cama, cuyas partes habían sido arrancadas y tiradas por el suelo. Sobre una silla se encontró una navaja barbera manchada de sangre. Había en la chimenea dos o tres largos y abundantes mechones de pelo cano, empapados en sangre y que parecían haber sido arrancados de raíz. Sobre el suelo se encontraron cuatro napoleones, un zarcillo adornado con un topacio, tres grandes cucharas de plata, tres cucharillas de *métal d'Alger* y dos sacos conteniendo, aproximadamente, cuatro mil francos en oro. En un rincón halláronse los cajones de un *bureau* abiertos, y al parecer, saqueados, aunque quedaban en ellos algunas cosas. Encontrose también un cofrecillo de hierro bajo la *cama,* no bajo su armadura. Hallábase abierto y la cerradura contenía aún la llave. En el cofre no se encontraron más que unas cuantas cartas viejas y otros papeles sin importancia.

»No se encontró rastro alguno de madame L'Espanaye; pero como quiera que se notase una anormal cantidad de hollín en el hogar, se efectuó un reconocimiento de la chimenea, y —horroriza decirlo— se extrajo de ella el cuerpo de su hija, que estaba colocado cabeza abajo y que había sido introducido por la estrecha abertura hacia una altura considerable. El cuerpo estaba todavía caliente. Al examinarlo se comprobaron en él numerosas excoriaciones, ocasionadas, sin duda, por la violencia con que el cuerpo había sido metido allí y por el esfuerzo que hubo de emplearse para sacarlo. En su rostro veíanse profundos arañazos, y en la garganta, cárdenas magulladuras y hondas huellas producidas por las uñas, como si la muerte se hubiera verificado por estrangulación.

»Después de un minucioso examen efectuado en todas las habitaciones, sin que se lograra ningún descubrimiento nuevo, los presentes se dirigieron a un pequeño patio pavimentado, situado en la parte posterior del edificio, donde hallaron el cadáver de la anciana señora, con el cuello cortado de tal modo, que la cabeza se desprendió del tronco al levantar el cuerpo. Tanto éste como la cabeza estaban tan horriblemente mutilados, que apenas conservaban apariencia humana.

»Que sepamos, no se ha obtenido hasta el momento el menor indicio que permita aclarar este horrible misterio.»

El diario del día siguiente daba algunos nuevos pormenores:

«*La tragedia de la rue Morgue.* —Gran número de personas han sido interrogadas con respecto a tan extraordinario y horrible *affaire* (la palabra *affaire* no tiene entre nosotros un significado tan fuerte como en Francia), pero nada ha podido deducirse que dé alguna luz sobre ello. Damos a continuación todas las declaraciones más importantes que se han obtenido:

»*Pauline Dubourg,* lavandera, declara haber conocido desde hace tres años a las víctimas y haber lavado para ellas durante todo este tiempo. Tanto la madre como la hija parecían vivir en buena armonía y profesarse mutuamente gran cariño. Pagaban con puntualidad. Nada se sabe acerca de su género de vida y medios de existencia. Supone que madame L'Espanaye decía la buenaventura para ganar el sustento. Tenía fama de poseer algún dinero escondido. Nunca encontró a otras personas en la casa cuando la llamaban para recoger la ropa, ni cuando la devolvía. Estaba segura de que las señoras no tenían servidumbre alguna. Salvo en el cuarto piso, no parecía que hubiera muebles en ninguna parte de la casa.

»*Pierre Moreau,* estanquero, declara que era el habitual proveedor de tabaco y de rapé de madame L'Espanaye desde hace cuatro años. Nació en su vecindad y ha vivido siempre allí. Hacía más de seis años que la muerta y su hija vivían en la casa donde fueron encontrados sus cadáveres. Anteriormente a su estancia, el piso había sido ocupado por un joyero, que alquilaba a su vez las habitaciones inferiores a distintas personas. La casa era propiedad de madame L'Espanaye. Descontenta por los abusos de su inquilino, se había trasladado al inmueble de su propiedad, negándose a alquilar ninguna parte de él. La buena señora chocheaba a causa de la edad. El testigo había visto a su hija unas cinco o seis veces durante los seis años. Las dos llevaban una vida muy retirada, y era fama que tenían dinero. Entre los vecinos había oído decir que madame L'Espanaye decía la buenaventura, pero él no lo creía. Nunca había visto pasar la puerta a nadie, excepto a la señora y a su hija, una o dos veces a un recadero y ocho o diez a un médico.

»En esta misma forma declararon varios vecinos, pero de ninguno de ellos se dice que frecuentara la casa. Tampoco se sabe que la señora y su hija tuvieran parientes vivos. Raramente estaban abiertos los postigos de los balcones de la fachada principal. Los de la parte trasera estaban siempre cerrados, a excepción de las ventanas de la gran sala posterior del cuarto piso. La casa era una finca excelente y no muy vieja.

»*Isidore Muset, gendarme*, declara haber sido llamado a la casa a las tres de la madrugada, y dice que halló ante la puerta principal a unas veinte o treinta personas que procuraron entrar en el edificio. Con una bayoneta, y no con una barra de hierro, pudo, por fin, forzar la puerta. No halló grandes dificultades en abrirla, porque era de dos hojas y carecía de cerrojo y pasador en su parte alta. Hasta que la puerta fue forzada, continuaron los gritos, pero luego cesaron repentinamente. Daban la sensación de ser alaridos de una o varias personas víctimas de una gran angustia. Eran fuertes y prolongados, y no gritos breves y rápidos. El testigo subió rápidamente los escalones. Al llegar al primer rellano oyó dos voces que disputaban acremente. Una de éstas era áspera, y la otra, aguda, una voz muy extraña. De la primera pudo distinguir algunas palabras, y le pareció francés el que las había pronunciado. Pero, evidentemente, no era voz de mujer. Distinguió claramente las palabras *sacré* y *diable*. La aguda voz pertenecía a un extranjero, pero el declarante no puede asegurar si se trataba de hombre o mujer. No pudo distinguir lo que decían, pero supone que hablaban español. El testigo declaró el estado de la casa y de los cadáveres como fue descrito ayer por nosotros.

»*Henri Duval*, vecino, y de oficio platero, declara que él formaba parte del grupo que entró primeramente en la casa. En términos generales, corrobora la declaración de Muset. En cuanto se abrieron paso, forzando la puerta, la cerraron de nuevo, con objeto de contener a la muchedumbre que se había reunido a pesar de la hora. Éste opina que la voz aguda sea la de un italiano, y está seguro que no era la de un francés. Duda, en cambio, de que se tratase de una voz masculina, admitiendo que pueda ser la de una mujer. No conoce el italiano. No pudo distinguir las palabras, pero, por la entonación del que hablaba, está convencido de que era un italiano. Conocía a madame L'Espanaye y a su hija. Con las dos había conversado con frecuencia. Estaba seguro de que la voz no correspondía a ninguna de las dos mujeres.

»*Odenheimer, restaurateur*. Voluntariamente, el testigo se ofreció a declarar. Como no hablaba francés, fue interrogado haciéndose uso de un intérprete. Nació en Amsterdam. Pasaba por delante de la casa en el momento en que se oyeron los gritos. Se detuvo durante unos minutos, diez, probablemente. Eran fuertes y prolongados y producían horror y angustia. Fue uno de los que entraron en la casa. Corrobora las declaraciones anteriores en todos sus pormenores, excepto uno: está seguro de que la voz aguda era la de un hombre, de un francés. No pudo distinguir claramente las palabras que había pronunciado. Estaban dichas en voz alta y con rapidez, con cierta desigualdad, pronunciadas, según suponía, con miedo y con ira al mismo tiempo. La voz era áspera, no tan aguda como áspera. Realmente, no puede asegurar que fuese una voz aguda. La voz grave dijo varias veces: *sacré, diable,* y una vez sola *mon Dieu.*

»*Jules Mignaud*, banquero, de la casa Mignaud et Fils, de la rue Deloraine. Es el mayor de los Mignaud. Madame L'Espanaye tenía algunos intereses. Había abierto una cuenta corriente en su casa de Banca en la primavera del año... (ocho años antes). Con frecuencia había ingresado pequeñas cantidades. No retiró ninguna hasta tres días antes de su muerte. La retiró personalmente, y la suma ascendía a cuatro mil francos. La cantidad fue pagada en oro, y se encargó a un dependiente que la llevara a su casa.

»*Adolphe Le Bon*, dependiente de la Banca Mignaud et Fils, declara que el día de autos, al mediodía, acompañó a madame L'Espanaye a su domicilio con los cuatro mil francos, distribuidos en dos pequeños talegos. Al abrirse la puerta apareció mademoiselle L'Espanaye. Ésta cogió uno de los saquitos, y la anciana señora otro. Entonces, él saludó y se fue. En aquellos momentos no había nadie en la calle. Era una calle apartada, muy solitaria.

»*William Bird*, sastre, declara que fue uno de los que entraron en la casa. Es inglés. Ha vivido dos años en París. Fue uno de los primeros que subieron por la escalera. Oyó las voces que disputaban. La gruesa era de un francés. Pudo oír algunas palabras, pero ahora no puede recordarlas todas. Oyó claramente *sacré* y *mon Dieu*. Por un momento se produjo un rumor, como si varias personas peleasen. Ruido de riña y forcejeo. La voz aguda era muy fuerte, más que la grave. Está seguro de que no se trataba de la voz de ningún inglés, sino más bien la de un alemán. Podía haber sido la de una mujer. No entiende el alemán.

»Cuatro de los testigos mencionados arriba, nuevamente interrogados, declararon que la puerta de la habitación en que fue encontrado el cuerpo de mademoiselle L'Espanaye se hallaba cerrada por dentro cuando el grupo llegó a ella. Todo se hallaba en un silencio absoluto. No se oían ni gemidos ni ruidos de ninguna especie. Al forzar la puerta, no se vio a nadie. Tanto las ventanas de la parte posterior como las de la fachada estaban cerradas y aseguradas fuertemente por dentro con sus cerrojos respectivos. Entre las dos salas se hallaba también una puerta entornada. En esta sala se hacinaban camas viejas, cofres y objetos de esta especie. No quedó una sola pulgada de la casa sin ser cuidadosamente registrada. Se ordenó que tanto por arriba como por abajo se introdujeran deshollinadores por las chimeneas. La casa consta de cuatro pisos, con buhardillas *(mansardes)*. En el techo hallábase, fuertemente asegurada, una puerta de escotillón, y parecía no haber sido abierta durante muchos años. Por lo que respecta al intervalo de tiempo transcurrido entre las voces que disputaban y el acto de forzar la puerta del piso, las afirmaciones de los testigos difieren bastante. Unos hablan de tres minutos, y otros amplían este tiempo a cinco. Costó mucho forzar la puerta.

»*Alfonso García,* empresario de pompas fúnebres, declara que habita en la rue Morgue y que es español. También formaba parte del grupo que entró en la casa. No subió la escalera, porque es muy nervioso y temía los efectos que podía producirle la emoción. Oyó las voces que disputaban. La grave era de un francés. No pudo distinguir lo que decían, y está seguro de que la voz aguda era de un inglés. No entiende el idioma, pero se basa en la entonación.

»*Alberto Montani,* confitero, declara haber sido uno de los primeros en subir la escalera. Oyó las voces aludidas. La grave era de un francés. Pudo distinguir varias palabras. Parecía que este individuo reconviniera a otro. En cambio, no pudo comprender nada de la voz aguda. Hablaba rápidamente y de forma entrecortada. Supone que esta voz fuera la de un ruso. Corrobora también las declaraciones generales. Es italiano. No ha hablado nunca con ningún ruso.

»Interrogados de nuevo algunos testigos, certificaron que las chimeneas de todas las habitaciones del cuarto piso eran demasiado estrechas para que permitieran el paso de una persona. Cuando hablaron los "deshollinadores", refiriéronse a las escobillas cilíndricas que con ese objeto usan los limpiachimeneas. Las escobillas fueron pasadas de arriba abajo por todos los tubos de la casa. En la parte posterior de ésta no hay paso alguno por donde alguien hubiese podido bajar mientras el grupo subía las escaleras. El cuerpo de mademoiselle L'Espanaye estaba tan fuertemente introducido en la chimenea, que no pudo ser extraído de allí sino con la ayuda de cinco hombres.

»*Paul Dumas,* médico, declara que fue llamado hacia el amanecer para examinar los cadáveres. Yacían entonces los dos sobre las correas de la armadura de la cama, en la habitación donde fue encontrada mademoiselle L'Espanaye. El cuerpo de la joven estaba muy magullado y lleno de excoriaciones. Se explican suficientemente estas circunstancias por haber sido empujado hacia arriba en la chimenea. Sobre todo, la garganta presentaba grandes excoriaciones. Tenía también profundos arañazos bajo la barbilla, al lado de una serie de lívidas manchas que eran, evidentemente, huellas de dedos. El rostro hallábase horriblemente descolorido, y los ojos, fuera de sus órbitas. La lengua había sido mordida y seccionada parcialmente. Sobre el estómago se descubrió una gran magulladura, producida, según se supone, por la presión de una rodilla. Según monsieur Dumas, mademoiselle L'Espanaye había sido estrangulada por alguna persona o personas desconocidas. El cuerpo de su madre estaba horriblemente mutilado. Todos los huesos de la pierna derecha y del brazo estaban, poco o mucho, quebrantados. La *tibia* izquierda, igual que las costillas del mismo lado, estaba hecha astillas. Tenía todo el cuerpo con espantosas magulladuras y descolorido. Es imposible certificar cómo fueron producidas estas heridas. Tal vez un pesado garrote de madera o una gran barra de hierro —alguna silla—, o una herramienta ancha, pesada y roma, podría haber producido lesiones semejantes. Pero siempre que hubieran sido manejados por un hombre muy fuerte. Ninguna mujer podría haber causado tales heridas con ninguna clase de arma. Cuando el testigo la vio, la cabeza de la muerta estaba totalmente separada del cuerpo y, además, destrozada. Evidentemente, la garganta había sido seccionada con un instrumento afiladísimo, probablemente una navaja barbera.

»*Alexandre Etienne*, cirujano, declara haber sido llamado al mismo tiempo que el doctor Dumas, para examinar los cuerpos. Corroboró la declaración y las opiniones de éste.

»No han podido obtenerse más pormenores importantes en otros interrogatorios. Un crimen tan extraño y tan complicado en todos sus aspectos no había sido cometido jamás en París, en el caso de que se trate realmente de un crimen. La Policía carece totalmente de rastros, circunstancia rarísima en asuntos de tal naturaleza. Puede asegurarse, pues, que no existe la menor pista».

En la edición de la tarde afirmaba el periódico que reinaba todavía gran excitación en el *quartier* Saint-Roch; que, de nuevo, se habían investigado cuidadosamente las circunstancias del crimen, pero que no se había obtenido ningún resultado. A última hora anunciaba una noticia que Adolphe Le Bon había sido detenido y encarcelado, pero ninguna de las circunstancias ya expuestas parecía acusarle.

Dupin demostró estar especialmente interesado en el desarrollo de aquel asunto; al menos, así lo deducía yo por su conducta, porque no hacía ningún comentario. Sólo después de haber sido encarcelado Le Bon me preguntó mi parecer sobre los asesinatos.

Yo no pude expresarle sino mi conformidad con todo el público parisiense, considerando aquel crimen como un misterio insoluble. No veía cómo podría darse con el asesino.

—Por interrogatorios tan superficiales no podemos juzgar nada con respecto al modo de encontrarlo —dijo Dupin—. La Policía de París, tan elogiada por su *perspicacia*, es astuta, pero nada más. No hay más método en sus diligencias que el que las circunstancias sugieren. Exhiben siempre las medidas tomadas, pero con frecuencia ocurre que son tan poco apropiadas a los fines propuestos, que nos hacen pensar en monsieur Jourdain pidiendo su *robe-de-chambre... pour mieux entendre la musique**. A veces no dejan de ser sorprendentes los resultados obtenidos. Pero, en su mayor parte, se consiguen por mera insistencia y actividad. Cuando resultan ineficaces tales procedimientos, fallan todos sus planes. Vidocq, por ejemplo, era un excelente adivinador y un hombre perseverante; pero como su inteligencia carecía de educación, se desviaba con frecuencia por la misma intensidad de sus investigaciones. Disminuía el poder de su visión por mirar el objeto tan de cerca. Era capaz de ver, probablemente, una o dos

---

* «Su bata... para oír mejor la música.» (En francés en el original.)

circunstancias con una poco corriente claridad; pero al hacerlo perdía necesariamente la visión total del asunto. Esto puede decirse que es el defecto de ser demasiado profundo. La verdad no está siempre en el fondo de un pozo. En realidad, yo pienso que, en cuanto a lo que más importa conocer, es invariablemente superficial. La profundidad se encuentra en los valles donde la buscamos, pero no en las cumbres de las montañas, que es donde la vemos. Las variedades y orígenes de esta especie de error tienen un magnífico ejemplo en la contemplación de los cuerpos celestes. Dirigir a una estrella una rápida ojeada, examinarla oblicuamente, volviendo hacia ella las partes exteriores de la *retina* (que son más sensibles a las débiles impresiones de la luz que las anteriores), es contemplar la estrella distintamente, obtener la más exacta apreciación de su brillo, brillo que se oscurece a medida que volvemos nuestra visión *de lleno* hacia ella. En el último caso, caen en los ojos mayor número de rayos, pero en el primero se obtiene una receptibilidad más afinada. Con una extrema profundidad, embrollamos y debilitamos el pensamiento, y aun lo confundimos. Podemos, incluso, lograr que Venus se desvanezca del firmamento si le dirigimos una atención demasiado sostenida, demasiado concentrada o demasiado directa.

»Por lo que respecta a estos asesinatos, examinemos algunas investigaciones por nuestra cuenta, antes de formar de ellos una opinión. Una investigación como ésta nos procurará una buena diversión —a mí me pareció impropia esta última palabra aplicada al presente caso, pero no dije nada—, y por otra parte, Le Bon ha comenzado por prestarme un servicio y quiero demostrarle que no soy un ingrato. Iremos al lugar del suceso y lo examinaremos por nuestros propios ojos. Conozco a G***, el prefecto de Policía, y no me será difícil conseguir el permiso necesario.

Nos fue concedida la autorización y nos dirigimos inmediatamente a la rue Morgue. Es ésta una de esas miserables callejuelas que unen la rue Richelieu y la de Saint-Roch. Cuando llegamos a ella, eran ya las últimas horas de la tarde, porque este barrio se encuentra situado a gran distancia de aquel en que nosotros vivíamos. Pronto hallamos la casa, porque aún había ante ella varias personas mirando las ventanas con vana curiosidad. Era una casa como tantas de París. Tenía una puerta principal, y en uno de sus lados había una casilla de cristales con un bastidor corredizo en la ventanilla, y parecía ser la *loge de concierge**. Antes de entrar, nos dirigimos calle arriba, torciendo por un callejón, y, torciendo de nuevo, pasamos a la fachada posterior del edificio. Dupin examinó durante todo este rato los alrededores, así como la casa, con una atención tan cuidadosa, que me era imposible comprender su finalidad.

Volvimos luego sobre nuestros pasos, y llegamos ante la fachada de la casa. Llamamos a la puerta, y después de mostrar nuestro permiso, los agentes de guardia nos permitieron la entrada. Subimos las escaleras, hasta llegar a la habitación donde había sido encontrado el cuerpo de mademoiselle L'Espanaye y donde se hallaban aún los dos cadáveres. Como de costumbre, había sido respetado el desorden de la habitación. Nada vi fuera de lo que se había publicado en la *Gazette des Tribunaux*. Dupin lo analizaba todo minuciosamente, sin exceptuar los cuerpos de las víctimas. Pasamos inmediatamente a otras habitaciones, y bajamos luego al patio. Un *gendarme* nos acompañó a todas partes, y la investigación nos ocupó hasta el anochecer, marchándonos entonces. De regreso a nuestra casa, mi compañero se detuvo unos minutos en las oficinas de un periódico.

He dicho ya que las rarezas de mi amigo eran muy diversas y que *je les menageais*** —esta frase no tiene equivalente en inglés—. Hasta el día siguiente, a mediodía,

---

* «Portería.» (En francés en el original.)
** «Yo las respetaba.» (En francés en el original.)

se negó a toda conversación sobre los asesinatos. Entonces me preguntó de pronto si yo había observado *algo particular* en el lugar del hecho.

En su manera de pronunciar la palabra «particular» había algo que me produjo un estremecimiento sin saber por qué.

—No, nada de *particular* —le dije—; por lo menos, nada más de lo que ya sabemos por el periódico.

—Mucho me temo —me replicó— que la *Gazette* no haya logrado penetrar en el insólito horror del asunto. Pero dejemos las necias opiniones de este papelucho. Yo creo que si este misterio se ha considerado como insoluble, por la misma razón debería ser fácil de resolver, y me refiero al carácter *outré* de sus circunstancias. La Policía se ha confundido por la ausencia aparente de motivos que justifiquen, no el crimen, sino la atrocidad con que ha sido cometido. Asimismo, les confunde la aparente imposibilidad de conciliar las voces que disputaban con la circunstancia de no haber sido hallada arriba sino mademoiselle L'Espanaye asesinada, y no encontrar la forma de que nadie saliera del piso sin ser visto por las personas que subían por las escaleras. El extraño desorden de la habitación; el cadáver metido con la cabeza hacia abajo en la chimenea; la mutilación espantosa del cuerpo de la anciana; todas estas consideraciones, con las ya descritas y otras no dignas de mención, han sido suficientes para paralizar sus facultades, haciendo que fracasara por completo la tan traída y llevada *perspicacia* de los agentes del Gobierno. Han caído en el grande, aunque común error de confundir lo insospechado con lo abstruso. Pero precisamente por estas desviaciones de lo normal es por donde ha de hallar la razón su camino en la investigación de la verdad, en el caso en que ese hallazgo sea posible. En investigaciones como la que estamos realizando ahora, no hemos de preguntarnos tanto si ha ocurrido como qué ha ocurrido que no había ocurrido jamás hasta ahora. Realmente, la sencillez con que yo he de llegar, o he llegado ya, a la solución de este misterio, se halla en razón directa con su aparente falta de solución en el criterio de la Policía.

Con mudo asombro, fijé la mirada en mi amigo.

—Estoy esperando ahora —continuó diciéndome, mirando a la puerta de nuestra habitación— a un individuo que, aun cuando probablemente no ha cometido esta carnicería, bien puede estar, en cierta medida, complicado en ella. Es probable que resulte inocente de la parte más desagradable de los crímenes cometidos. Creo no equivocarme en esta suposición, porque en ella se funda mi esperanza de descubrir el misterio. Yo espero a este individuo aquí, en esta habitación, y de un momento a otro. Cierto es que puede no venir, pero lo probable es que venga. Si viene, hay que detenerlo. Aquí hay unas pistolas, y los dos sabemos para qué sirven cuando las circunstancias lo requieren.

Sin saber lo que me hacía, ni lo que oía, tomé las pistolas, mientras Dupin continuaba hablando como si monologara. Dirigíanse sus palabras a mí, pero su voz, no muy alta, tenía esa entonación empleada frecuentemente en hablar con una persona que se halla un poco distante. Sus pupilas inexpresivas miraban fijamente hacia la pared.

—La experiencia ha demostrado plenamente que las voces que disputaban —dijo—, oídas por quienes subían las escaleras, no eran las de las dos mujeres. Este hecho descarta el que la anciana hubiese matado primero a su hija y se hubiera suicidado después. Hablo de esto únicamente por respeto al método; porque, además, la fuerza de madame L'Espanaye no hubiera conseguido nunca arrastrar el cuerpo de su hija por la chimenea arriba, tal como fue hallado. Por otra parte, la naturaleza de las heridas excluye totalmente la idea de suicidio. Por tanto, el asesinato ha sido cometido por terceras personas, y las voces de éstas son las que se oyeron disputar. Permítame que le haga notar no todo lo que se ha declarado con respecto a estas voces, sino lo que hay de *particular* en las declaraciones. ¿No ha observado usted nada en ellas?

Y le dije que había observado que mientras todos los testigos coincidían en que la voz grave era la de un francés, había un gran desacuerdo por lo que respecta a la voz aguda, o áspera, como uno de ellos la había calificado.

—Esto es evidencia pura —dijo—, pero no lo particular de esa evidencia. Usted no ha observado nada característico, pero, no obstante, *había* algo que observar. Como ha notado usted, los testigos estuvieron de acuerdo en cuanto a la voz grave. En ello había unanimidad. Pero, en lo que respecta a la voz aguda, consiste su particularidad no en el desacuerdo, sino en que cuando un italiano, un inglés, un español, un holandés y un francés intentan describirla, cada uno de ellos opina como si fuese *la de un extranjero.* Cada uno está seguro de que no es la de un compatriota, y cada uno la compara, no a la de un hombre de una nación cualquiera cuyo lenguaje conoce, sino todo lo contrario. Supone el francés que era la voz de un español y que «hubiese podido distinguir algunas palabras *de haber estado familiarizado con el español*». El holandés sostiene que fue la de un francés, pero sabemos que, «*por no conocer este idioma, el testigo había sido interrogado por un intérprete*». Supone el inglés que la voz fue la de un alemán, pero añade *que no entiende el alemán.* El español «está seguro» de que es la de un inglés, pero «considera que lo es tan sólo por la entonación, *ya que no tiene ningún conocimiento del idioma*». El italiano cree que es la voz de un ruso, pero *«jamás ha tenido conversación alguna con un ruso».* Otro francés difiere del primero, y está seguro de que la voz era de un italiano; pero *aunque no conoce este idioma,* como el español, «está seguro, por su entonación».

»Ahora bien: ¡cuán extraña debía de ser aquella voz para que tales testimonios *pudieran* darse de ella! ¡En sus *inflexiones,* ciudadanos de cinco grandes naciones europeas no pueden reconocer nada que les sea familiar! Tal vez usted diga que puede muy bien haber sido la voz de un asiático o la de un africano; pero ni los asiáticos ni los africanos se ven frecuentemente por París. Mas, sin decir que esto sea posible, quiero ahora dirigir su atención nada más que sobre tres puntos. Uno de los testigos describe aquella voz como "más áspera que aguda"; otros dicen que es "rápida y *desigual*"; en este caso, no hubo palabras, no hubo sonido que tuviera semejanza alguna con palabras, que ningún testigo menciona como inteligibles.

»Ignoro qué impresión —continuó Dupin— puede haber causado en su entendimiento, pero no dudo en manifestar que las legítimas deducciones efectuadas con sólo esta parte de los testimonios conseguidos (la que se refiere a las voces graves y agudas), bastan por sí mismas para motivar una sospecha que bien puede dirigirnos en todo ulterior avance en la investigación de este misterio. He dicho "legítimas deducciones", pero así no queda del todo explicada mi intención. Quiero únicamente manifestar que esas deducciones son las *únicas* apropiadas, y que mi sospecha se origina *inevitablemente* en ellas como una conclusión única. No diré todavía cuál es esa sospecha. Tan sólo deseo hacerle comprender a usted que para mí tiene fuerza bastante para dar definida forma (determinada tendencia) a mis investigaciones en aquella habitación.

»Mentalmente, trasladémonos a aquella sala. ¿Qué es lo primero que hemos de buscar allí? Los medios de evasión utilizados por los asesinos. No hay necesidad de decir que ninguno de los dos creemos en este momento en acontecimientos sobrenaturales. Madame y mademoiselle L'Espanaye no han sido, evidentemente, asesinadas por espíritus. Quienes han cometido el crimen fueron seres materiales y escaparon por procedimientos materiales. ¿De qué modo? Afortunadamente, sólo hay una forma de razonar con respecto a este punto, y ésta *habrá* de llevarnos a una solución precisa. Examinemos, pues, uno por uno, los posibles medios de evasión.

»Cierto es que los asesinos se encontraban en la alcoba donde fue hallada mademoiselle L'Espanaye, o, cuando menos, en la contigua, cuando las personas subían por las escaleras. Por tanto, sólo hay que investigar las salidas de estas dos habitaciones. La Policía ha dejado al descubierto los pavimentos, los techos y la mampostería de las paredes en todas. A su vigilancia no hubieran podido escapar determinadas salidas *secretas*. Pero yo no me fiaba de *sus* ojos y he querido examinarlo con los míos. En efecto, *no* había salida secreta. Las puertas de las habitaciones que daban al pasillo estaban cerradas perfectamente por dentro. Veamos las chimeneas. Aunque de anchura normal hasta una altura de ocho o diez pies sobre los hogares, no pueden, en toda su longitud, ni siquiera dar cabida a un gato corpulento. La imposibilidad de salida por los ya indicados medios es, por tanto, absoluta. Así, pues, no nos quedan más que las ventanas. Por la de la alcoba que da a la fachada principal no hubiera podido escapar nadie sin que la muchedumbre que había en la calle lo hubiese notado. Por tanto, los asesinos *han* de haber pasado por las de la habitación posterior. Llevados, pues, a esta conclusión, no podemos, según un minucioso razonamiento, rechazarla, teniendo en cuenta aparentes imposibilidades. Nos queda sólo por demostrar que esas aparentes «imposibilidades» en realidad no lo son.

»En la habitación hay dos ventanas. Una de ellas no está obstruida por los muebles, y está completamente visible. La parte inferior de la otra la oculta a la vista la cabecera de la pesada armazón del lecho, estrechamente pegada a ella. La primera de las dos ventanas está fuertemente cerrada y asegurada por dentro. Resistió a los más violentos esfuerzos de quienes intentaron levantarla. En la parte izquierda de su marco veíase un gran agujero practicado con una barrena, y un clavo muy grueso hundido en él hasta la cabeza. Al examinar la otra ventana se encontró otro clavo semejante, clavado de la misma forma, y un vigoroso esfuerzo para separar el marco fracasó también. La Policía se convenció entonces de que por ese camino no se había efectuado la salida, *y por esta razón* consideró superfluo quitar aquellos clavos y abrir las ventanas.

»Mi examen fue más minucioso, por la razón que acabo de decir, ya que sabía que era *preciso* probar que todas aquellas aparentes imposibilidades no eran tal realmente.

»Continué razonando así *a posteriori*. Los asesinos *han debido* de escapar por una de estas ventanas. Suponiendo esto, no es fácil que pudieran haberlas sujetado por dentro, como se las ha encontrado, consideración que, por su evidencia, paralizó las investigaciones de la Policía en este aspecto. No obstante, las ventanas *estaban* cerradas y aseguradas. Era, pues, *preciso* que pudieran cerrarse por sí mismas. No había modo de escapar a esta conclusión. Fui directamente a la ventana no obstruida, y con cierta dificultad extraje el clavo y traté de levantar el marco. Como yo suponía, resistió a todos los esfuerzos. Había, pues, evidentemente, un resorte escondido, y este hecho, corroborado por mi idea, me convenció de que mis pesquisas, por muy misteriosas que apareciesen las circunstancias relativas a los clavos, eran correctas. Una minuciosa investigación me hizo descubrir pronto el oculto resorte. Lo oprimí y, satisfecho con mi descubrimiento, me abstuve de abrir la ventana.

»Volví entonces a colocar el clavo en su sitio, después de haberlo examinado atentamente. Una persona que hubiera pasado por aquella ventana podía haberla cerrado haciendo funcionar el resorte. Pero el clavo no podía haber sido colocado. Esta conclusión era clarísima, y restringía mucho el campo de mis investigaciones. Los asesinos *debían,* por tanto, haber escapado por la otra ventana.

»Suponiendo que los dos resortes fueran iguales, como era posible, *debía,* pues, haber una diferencia entre los clavos, o, por lo menos, en su colocación. Me subí sobre las correas de la armadura del lecho, y por encima de su cabecera examiné minuciosamente la segunda ventana. Pasando la mano por detrás de la madera, descubrí y apreté el resorte, que, como yo había supuesto, era idéntico al anterior. Entonces examiné el clavo. Era del mismo grueso que el otro, y aparentemente estaba clavado de la misma forma, hundido casi hasta la cabeza.

»Tal vez diga usted que me quedé perplejo; pero si abriga semejante pensamiento, es que no ha comprendido bien la naturaleza de mis deducciones. Sirviéndome de una palabra deportiva, no me he encontrado ni una vez "en falta". El rastro no se ha perdido. No se ha perdido ni un solo instante. En ningún eslabón de la cadena ha habido un defecto. Hasta su última consecuencia he seguido el secreto. Y la consecuencia era *el clavo*. En todos sus aspectos, he dicho, aparentaba ser análogo al de la otra ventana; pero todo era nada (tan decisivo como parecía) comparado con la consideración de que en aquel punto terminaba mi pista. *"Debe haber algún defecto en este clavo"*, me dije. Lo toqué, y su cabeza, con casi un cuarto de pulgada de su espiga, se me quedó en la mano. El resto quedábase en el orificio, donde se había roto. La rotura era antigua, como se deducía del óxido de sus bordes, y, al parecer, había sido producida por un martillazo que hundió una parte de la cabeza del clavo en la superficie del marco.

»Volví entonces a colocar cuidadosamente aquella parte en el lugar de donde la había separado, y su semejanza con un clavo intacto fue completa. La rotura era inapreciable. Apreté el resorte y levanté suavemente unas pulgadas el marco. Con él subió la cabeza del clavo, quedando fija en su agujero. Cerré la ventana, y era otra vez perfecta la apariencia del clavo entero.

»Hasta aquí estaba resuelto el enigma. El asesino había huido por la ventana situada a la cabecera del lecho. Al bajar por sí misma, luego de haber escapado por ella, o tal vez al ser cerrada deliberadamente, habíase quedado sujeta por el resorte, y la sujeción de éste había engañado a la Policía, confundiéndola con la del clavo, por lo cual se había considerado innecesario proseguir la investigación.

»El problema era ahora saber cómo había bajado el asesino. Sobre este punto me sentía satisfecho de mi paseo en torno al edificio. Aproximadamente a dos metros de la ventana en cuestión pasa la cadena de un pararrayos. Por ésta hubiera sido imposible a cualquiera llegar hasta la ventana, y ya no digamos entrar. Sin embargo, al examinar los postigos del cuarto piso, vi que eran de una especie particular, que los carpinteros parisienses llaman *ferrades,* especie poco usada hoy, pero hallada frecuentemente en las casas antiguas de Lyón y Burdeos. Tiene la forma de una puerta normal (sencilla y no de dobles batientes), excepto que su mitad superior está enrejada o trabajada a modo de celosía, por lo que ofrece un agarradero excelente para las manos. En el caso en cuestión, estos postigos tienen una anchura de un metro, más o menos. Cuando los vimos desde la parte posterior de la casa, los dos estaban abiertos hasta la mitad; es decir, formaban con la pared un ángulo recto. Es probable que la Policía haya examinado, como yo, la parte posterior del edificio; pero al mirar las *ferrades* en el sentido de su anchura (como deben de haberlo hecho) no se han dado cuenta de la dimensión de este sentido, o cuando menos no le han dado la necesaria importancia. En realidad, una vez convencidos de que no podía efectuarse la huida por aquel lado, no lo examinaron sino superficialmente.

»Sin embargo, para mí era claro que el postigo que pertenecía a la ventana situada a la cabecera de la cama, si se abría totalmente, hasta que tocara la pared, llegaría hasta unos sesenta centímetros de la cadena del pararrayos. También estaba claro que con el esfuerzo de una energía y un valor insólitos podía muy bien haberse entrado por aquella ventana con ayuda de la cadena. Llegado a aquella distancia de unos setenta centímetros (supongamos ahora abierto el postigo), un ladrón hubiese podido encontrar en el enrejado un sólido asidero, para luego, desde él, soltando la cadena y apoyando bien los pies contra la pared, lanzarse rápidamente, caer en la habitación y atraer hacia sí violentamente el postigo, de modo que se cerrase, y suponiendo, desde luego, que se hallara siempre la ventana abierta.

»Tenga usted en cuenta que me he referido a una energía insólita, necesaria para llevar a cabo con éxito una empresa tan arriesgada y difícil. Mi propósito es el de demostrarle, en primer lugar, que el hecho podía realizarse, y muy *principalmente* llamar su atención sobre el carácter *muy extraordinario*, casi carácter sobrenatural, de la agilidad necesaria para su ejecución.

»Me replicará usted, sin duda, valiéndose del lenguaje de la ley, que para "defender mi causa" debería más bien prescindir de la energía requerida en ese caso antes que insistir en valorarla exactamente. Esto es realizable en la práctica forense, pero no en la razón. Mi objetivo final es la verdad tan sólo, y mi propósito inmediato, conducirle a usted a que compare esa *insólita* energía de que acabo de hablarle con la *peculiarísima* voz aguda (o áspera) y *desigual* con respecto a cuya nacionalidad no se han hallado ni siquiera dos testigos que estuviesen de acuerdo, y en cuya pronunciación no ha sido posible descubrir una sola sílaba.

A estas palabras comenzó a formarse en mi espíritu una vaga idea de lo que pensaba Dupin. Parecíame llegar al límite de la comprensión, sin que todavía pudiera comprender, lo mismo que esas personas que se encuentran algunas veces en el borde de un recuerdo y no son capaces de llegar a conseguirlo. Mi amigo continuó sus razonamientos.

—Habrá usted visto —me dijo— que he retrotraído la cuestión del modo de salir al de entrar. Mi plan es demostrarle que ambas cosas se han efectuado de la misma manera y por el mismo sitio. Volvamos ahora a la habitación. Estudiemos todos sus aspectos. Según se ha dicho, los cajones del *bureau* han sido saqueados, aunque han quedado en ellos algunas prendas de vestir. Esta conclusión es absurda. Es una simple conjetura, muy necia, por cierto, y nada más. ¿Cómo es posible saber que todos esos objetos encontrados en los cajones no eran todo lo que éstos contenían? Madame L'Espanaye y su hija vivían una vida excesivamente retirada. No se trataban con nadie, salían rara vez y, por consiguiente, tenían pocas ocasiones para cambiar de vestido. Los objetos que se han encontrado eran de tan buena calidad, por lo menos, como cualquiera de los que posiblemente hubiesen poseído esas señoras. Si un ladrón hubiera cogido alguno, ¿por qué no los mejores, o por qué no todos? En fin, ¿hubiese abandonado cuatro mil francos en oro para cargar con un fardo de ropa blanca? El oro *fue* abandonado. Casi la totalidad de la suma mencionada por monsieur Mignaud, el banquero, ha sido hallada sobre el suelo, en los saquitos.

»Insisto, por tanto, en querer descartar de su pensamiento la idea desatinada de un *motivo,* engendrada en el cerebro de la Policía por esa declaración que se refiere a dinero entregado a la puerta de la casa. Coincidencias diez veces más notables que éstas (entrega del dinero y asesinato, tres días más tarde, de la persona que lo recibe) se presentan constantemente en nuestra vida sin despertar siquiera nuestra atención momentánea. Por lo general, las coincidencias son otros tantos motivos de error en el camino de esa clase de pensadores educados de tal modo que nada saben de la teoría de probabilidades, esa teoría a la cual las más memorables conquistas de la civilización humana deben lo más glorioso de su saber. En este caso, si el oro hubiera desaparecido, el hecho de haber sido entregado tres días antes hubiese podido parecer algo más que una coincidencia. Corroboraría la idea de un motivo. Pero, dadas las circunstancias reales en que nos hallamos, si hemos de suponer que el oro ha sido el móvil de hecho, también debemos imaginar que quien lo ha cometido ha sido tan vacilante y tan idiota, que ha abandonado al mismo tiempo el oro y el motivo.

»Fijados bien en nuestro pensamiento los puntos sobre los cuales yo he llamado su atención: la voz peculiar, la insólita agilidad y la sorprendente falta de motivo en un crimen de una atrocidad tan singular como éste, examinemos por sí misma esta carnicería. Nos encontramos con una mujer estrangulada con las manos y metida cabeza abajo en una chimenea. Normalmente, los criminales no emplean semejantes procedimientos de asesinato. En el violento modo de introducir el cuerpo en la chimenea habrá usted de admitir que hay algo *excesivamente outré,* algo que está en desacuerdo con nuestras corrientes nociones con respecto a los actos humanos, aun cuando supongamos que los autores de este crimen sean los seres más depravados. Por otra parte, piense usted cuán enorme debe de haber sido la fuerza que logró introducir tan violentamente el cuerpo *hacia arriba* en una abertura como aquélla, por cuanto los esfuerzos unidos de varias personas apenas si lograron *sacarlo* de ella.

»Fijemos ahora nuestra atención en otros indicios que ponen de manifiesto este vigor maravilloso. Había en el hogar unos espesos mechones de cabellos grises humanos. Habían sido arrancados de cuajo. Conoce usted la fuerza que es necesaria para arrancar de la cabeza aun cuando no sea más que veinte o treinta cabellos a la vez. Tan bien como yo, usted habrá visto aquellos mechones. Sus raíces ensangrentadas (¡que espantoso espectáculo!) tenían adheridos fragmentos de cuero cabelludo, segura prueba de la prodigiosa fuerza que ha sido necesaria para arrancar un millar de cabellos a la vez. La garganta de la anciana no sólo estaba cortada, sino que tenía la cabeza completamente separada del tronco, y el instrumento para esta operación fue una sencilla navaja barbera.

»Le ruego que se fije también en la *brutal* ferocidad de tal acto. No es necesario hablar de las magulladuras que aparecieron en el cuerpo de madame L'Espanaye. Monsieur Dumas y su honorable colega monsieur Etienne han declarado que habían sido producidas por un instrumento romo. En ello, estos señores están en lo cierto. El instrumento ha sido, sin duda alguna, el pavimento del patio sobre el que la víctima ha caído desde la ventana situada encima del lecho. Por muy sencilla que parezca ahora esta idea, escapó a la perspicacia de la Policía, por la misma razón que le impidió notar la anchura de los postigos, porque, dada la circunstancia de los clavos, su percepción era contraria a la idea de que las ventanas hubieran podido ser abiertas.

»Si ahora, como añadidura a todo esto, ha reflexionado usted bien acerca del extraño desorden de la habitación, hemos llegado ya al punto de combinar las ideas de agilidad maravillosa, fuerza sobrehumana, bestial ferocidad, carnicería sin motivo, una *grotesquerie* en lo horrible, extraña en absoluto a la Humanidad, y una voz extranjera por su acento para los oídos de hombres de distintas naciones y desprovista de todo silabeo que pudiera advertirse distinta e inteligiblemente. ¿Qué se deduce de todo ello? ¿Cuál es la impresión que ha producido en su imaginación?

Al hacerme Dupin esta pregunta sentí un escalofrío.

—Un loco ha cometido ese crimen —dije—, algún lunático furioso que se habrá escapado de alguna *Maison de Santé* vecina.

—En algunos aspectos —me contestó— no es desacertada su idea. Pero hasta en sus más feroces paroxismos, las voces de los locos no se parecen nunca a esa voz peculiar oída desde la escalera. Los locos pertenecen a una nación cualquiera, y su lenguaje, aunque incoherente, es siempre articulado. Por otra parte, el cabello de un loco no se parece al que yo tengo en la mano. De los dedos rígidamente crispados de madame L'Espanaye he desenredado este pequeño mechón. ¿Qué puede usted deducir de esto?

—Dupin —exclamé, completamente desalentado—, ¡qué cabello más raro! No es un cabello *humano*.

—Yo no he dicho que lo fuera —me contestó—. Pero antes de decidir con respecto a este particular, le ruego que examine este pequeño diseño que he trazado en un trozo de papel. Es un facsímil que representa lo que una parte de los testigos han declarado como cárdenas magulladuras y profundos rasguños producidos por las uñas en el cuello de mademoiselle L'Espanaye, y que los doctores Dumas y Etienne llaman una serie de manchas lívidas evidentemente producidas por la impresión de los dedos. Comprenderá usted —continuó mi amigo, desdoblando el papel sobre la mesa y ante nuestros ojos— que este dibujo da idea de una presión firme y poderosa. Aquí no hay *deslizamiento* visible. Cada dedo ha conservado, quizá hasta la muerte de la víctima, la terrible presa en la cual se ha moldeado. Pruebe usted ahora a colocar sus dedos, todos a un tiempo, en las respectivas impresiones, tal como las ve usted aquí.

Lo intenté en vano.

—Es posible —continuó— que no efectuemos esta experiencia de un modo decisivo. El papel está desplegado sobre una superficie plana, y la garganta humana es cilíndrica. Pero aquí tenemos un tronco de leña cuya circunferencia es, poco más o menos, la de la garganta. Enrolle en su superficie este diseño y volvamos a efectuar la experiencia.

Lo hice así, pero la dificultad fue todavía más evidente que la primera vez.

—Ésta —dije— no es la huella de una mano humana.

—Ahora, lea este pasaje de Cuvier —continuó Dupin.

Era una historia anatómica, minuciosa y general, del gran orangután salvaje de las islas de la India Oriental. Son harto conocidas de todo el mundo la gigantesca estatura, la fuerza y agilidad prodigiosa, la ferocidad salvaje y las facultades de imitación de estos mamíferos. Comprendí entonces, de pronto, todo el horror de aquellos asesinatos.

—La descripción de los dedos —dije, cuando hube terminado la lectura— está de acuerdo perfectamente con este dibujo. Creo que ningún animal, excepto el orangután de la especie que aquí se menciona, puede haber dejado huellas como las que ha dibujado usted. Este mechón de pelo ralo tiene el mismo carácter que el del animal descrito por Cuvier. Pero no me es posible comprender las circunstancias de este espantoso misterio. Hay que tener en cuenta, además, que se oyeron disputar *dos voces,* e, indiscutiblemente, una de ellas pertenecía a un francés.

—Cierto, y recordará usted una expresión atribuida casi unánimemente a esa voz por los testigos; la expresión *Mon Dieu.* Y en tales circunstancias, uno de los testigos, Montani, el confitero, la identificó como expresión de protesta o reconvención. Por tanto, yo he fundado en estas voces mis esperanzas de la completa resolución de este misterio. Indudablemente, un francés conoce el asesinato. Es posible, y, en realidad, más que posible, probable, que sea él inocente de toda participación en los hechos sangrientos que han ocurrido. Puede habérsele escapado el orangután, y puede haber seguido su rastro hasta la habitación. Pero, dadas las agitadas circunstancias que se hubieran producido, pudo no haberle sido posible capturarle de nuevo. Todavía anda suelto el animal. No es mi propósito continuar estas conjeturas, y las califico así porque no tengo derecho a llamarlas de otro modo, ya que los atisbos de reflexión en que se fundan apenas alcanzan la suficiente base para ser apreciables incluso para mi propia inteligencia, y, además, porque no me es posible hacerlas inteligibles para la comprensión de otra persona. Llamémoslas, pues, conjeturas, y considerémoslas así. Si, como yo supongo, el francés a que me refiero es inocente de tal atrocidad, este anuncio que, a nuestro regreso, dejé en las oficinas de *Le Monde,* un periódico consagrado a intereses marítimos y muy buscado por los marineros, nos lo traerá a casa.

Me entregó el periódico, y leí:

CAPTURA. En el Bois de Boulogne se ha encontrado, a primeras horas de la mañana del día... de los corrientes [la mañana del crimen], un enorme orangután de la especie de Borneo. Su propietario (que se sabe es un marino perteneciente a la tripulación de un navío maltés) podrá recuperar el animal, previa su identificación, pagando algunos pequeños gastos ocasionados por su captura y manutención. Dirigirse al número... de la rue..., faubourg Saint-Germain..., tercero.

—¿Cómo ha podido usted saber —le pregunté a Dupin— que el individuo de que se trata es marinero y está enrolado en un navío maltés?

—Yo *no lo conozco* —repuso Dupin—; no estoy *seguro* de que exista. Pero tengo aquí este pedacito de cinta que, a juzgar por su forma y su grasiento aspecto, ha sido usado, evidentemente, para anudar los cabellos en forma de esas largas *queues** a que tan aficionados son los marineros. Por otra parte, este lazo saben anudarlo muy pocas personas, y es característico de los malteses. Recogí esta cinta al pie de la cadena del pararrayos. No puede pertenecer a ninguna de las dos víctimas. Por lo demás, si me he equivocado en mis deducciones con respecto a este lazo, es decir, pensando que ese francés sea un marinero enrolado en un navío maltés, no habré perjudicado a nadie diciendo lo que digo en el anuncio. Si me he equivocado, supondrá él que algunas circunstancias me engañaron, y no se tomará el trabajo de inquirirlas. Pero, si acierto, habremos dado un paso muy importante. Aunque inocente del crimen, el francés habrá de conocerlo, y vacilará entre si debe responder o no al anuncio y reclamar o no el orangután. Sus razonamientos serán los siguientes: «Soy inocente; soy pobre; mi orangután vale mucho dinero, una verdadera fortuna, para un hombre que se encuentra en mi situación. ¿Por qué he de perderlo con un vano temor al peligro? Lo tengo aquí, a mi alcance. Lo encontraron en el Bois de Boulogne, a mucha distancia del escenario de aquel crimen. ¿Quién sospecharía que un animal ha cometido semejante acción? La Policía está despistada. No ha obtenido el menor indicio. Dado el caso de que sospecharan del animal, sería imposible demostrar que yo tengo conocimiento del crimen, ni mezclarme en él por el solo hecho de conocerlo. Además, *me conocen*. El anunciante me señala como dueño del

_____

* «Coletas.» (En francés en el original.)

animal. No sé hasta qué punto llega este conocimiento. Si soslayo en reclamar una propiedad de tanto valor, y que, además, se sabe que es mía, concluiré haciendo sospechoso al animal. No es prudente llamar la atención sobre mí ni sobre él. Contestaré, por tanto, a este anuncio, recobraré mi orangután y lo encerraré hasta que se haya olvidado por completo este asunto».

En este instante oímos pasos en la escalera.

—Esté preparado —me dijo Dupin—. Coja sus pistolas, pero no haga uso de ellas ni las enseñe hasta que yo le haga una seña.

Habíamos dejado abierta la puerta principal de la casa. El visitante entró sin llamar y subió algunos peldaños de la escalera. Ahora, sin embargo, parecía vacilar. Le oímos descender. Dupin se precipitó hacia la puerta, pero en este instante le oímos subir de nuevo. Ahora ya no retrocedía por segunda vez, sino que subió con decisión y llamó a la puerta de nuestro piso.

—Adelante —dijo Dupin con voz satisfecha y alegre.

Entró un hombre. A no dudarlo, era un marinero. Un hombre alto, fuerte, musculoso, con una expresión de arrogancia no del todo desagradable. Su rostro, muy atezado, estaba oculto en más de su mitad por las patillas y el *mustachio*. Estaba provisto de un grueso garrote de roble, y no parecía llevar otras armas. Saludó, inclinándose torpemente, pronunciando un «buenas noches» con acento francés, el cual, aunque bastardeado levemente por el suizo, daba a conocer claramente su origen parisiense.

—Siéntese, amigo —dijo Dupin—. Supongo que viene a reclamar su orangután. Le aseguro que casi se lo envidio. Es un hermoso animal, y, sin duda alguna, de mucho precio. ¿Qué edad cree usted que tiene?

El marinero suspiró hondamente, como quien se alivia de un enorme peso, y contestó luego con firme voz:

—No puedo decírselo, pero no creo que tenga más de cuatro o cinco años. ¿Lo tiene usted aquí?

—¡Oh, no! Esta habitación no reúne condiciones para ello. Está en una cuadra de alquiler en la rue Dubourg, cerca de aquí. Mañana por la mañana, si usted quiere, podrá recuperarlo. Supongo que vendrá usted preparado para demostrar su propiedad.

—Sin duda alguna, señor.

—Mucho sentiré tener que separarme de él —dijo Dupin.

—No pretendo que se haya usted tomado tantas molestias para nada, señor —dijo el hombre—. Ni pensarlo. Estoy dispuesto a pagar una gratificación por el hallazgo del animal, mientras sea razonable.

—Bien —contestó mi amigo—. Todo esto es, sin duda, muy justo. Veamos. ¿Qué voy a pedirle? ¡Ah, ya sé! Se lo diré ahora. Mi gratificación será ésta: ha de decirme usted cuanto sepa con respecto a los asesinatos de la rue Morgue.

Estas últimas palabras las dijo Dupin con voz muy baja y con una gran tranquilidad. Con análoga tranquilidad se dirigió hacia la puerta, la cerró y guardose la llave en el bolsillo. Luego sacó la pistola y, sin mostrar agitación alguna, la dejó sobre la mesa.

La cara del marinero enrojeció como si se hallara en un arrebato de sofocación. Se levantó y empuñó su bastón. Pero inmediatamente se dejó caer sobre la silla, con un temblor convulsivo y con el rostro de un cadáver. No dijo una sola palabra, y de todo corazón lo compadecí.

—Amigo mío —dijo Dupin bondadosamente—, le aseguro a usted que se alarma sin motivo alguno. No es nuestro propósito causarle el menor daño. Le doy a usted mi palabra de honor, de caballero y francés, que nuestra intención no es perjudicarle. Sé perfectamente que nada tiene usted que ver con las atrocidades de la rue Morgue. Sin embargo, no puedo negar que, en cierto modo, está usted complicado. Por cuanto le digo comprenderá usted perfectamente que, con respecto a este asunto, poseo excelentes medios de información, medios en los cuales no hubiera usted pensado jamás. El caso está ya claro para nosotros. Nada ha hecho usted que haya podido evitar. Naturalmente, nada que lo haga a usted culpable. Nadie puede acusarle de haber robado, pudiendo haberlo hecho con toda impunidad, y no tiene tampoco nada que ocultar. También carece de motivos para hacerlo. Además, por todos los principios del honor, está usted obligado a confesar cuanto sepa. Se ha encarcelado a un inocente, a quien se acusa de un crimen cuyo autor solamente usted puede señalar.

Cuando Dupin hubo pronunciado estas palabras, ya el marinero había recobrado un poco su presencia de ánimo. Pero toda su arrogancia había desaparecido.

—¡Que Dios me ampare! —dijo, después de una breve pausa—. Le diré cuanto sepa sobre este asunto; pero estoy seguro de que no creerá usted ni la mitad siquiera. Estaría loco si lo creyese. Sin embargo, *soy inocente,* y aunque me cueste la vida, le hablaré con franqueza.

En resumen, fue esto lo que nos contó:

Había hecho recientemente un viaje al archipiélago Índico. Él formaba parte de un grupo que desembarcó en Borneo, y pasó al interior para una excursión de placer. Entre él y un compañero suyo habían dado captura al orangután. Su compañero murió, y el animal quedó de su exclusiva pertenencia. Después de muchas molestias producidas por la ferocidad indomable del cautivo, durante el viaje de regreso, consiguió por fin alojarlo en su misma casa, en París, donde, para no atraer sobre él la curiosidad insoportable de los vecinos, lo recluyó cuidadosamente, con objeto de que curase de una herida que se había producido en un pie con una astilla, a bordo de su buque. Su proyecto era venderlo.

Una noche, o, mejor dicho, una mañana, la del crimen, al volver de una francachela celebrada con algunos marineros, encontró al animal en su alcoba. Habíase escapado del cuarto contiguo, donde él creía tenerlo seguramente encerrado. Se hallaba sentado ante un espejo, teniendo una navaja de afeitar en una mano. Estaba todo enjabonado, intentando afeitarse, operación en la que probablemente había observado a su amo a través del ojo de la cerradura. Aterrado viendo tan peligrosa arma en manos de un animal tan feroz y sabiéndole muy capaz de hacer uso de ella, el hombre no supo qué hacer durante unos segundos. Frecuentemente había conseguido dominar al animal en sus accesos más furiosos utilizando un látigo, y recurrió a él también en aquella ocasión. Pero al ver el látigo, el orangután saltó de repente fuera de la habitación, echó a correr escaleras abajo y, viendo una ventana, desgraciadamente abierta, salió a la calle.

El francés, desesperado, se echó tras él. El mono, sin soltar la navaja, parábase de vez en cuando, se volvía y le hacía muecas, hasta que llegaba el hombre cerca de él. Entonces escapaba de nuevo. La persecución duró así un buen rato. Hallábanse las calles en completa tranquilidad, porque serían las tres de la madrugada. Al descender por un pasaje situado detrás de la rue Morgue, la atención del fugitivo fue atraída por una luz procedente de la ventana abierta de la habitación de madame L'Espanaye, en el cuarto piso de la casa. Se precipitó hacia la casa, y al ver la cadena del pararrayos, trepó ágilmente por ella, agarrose al postigo, que estaba abierto de par en par hasta la pared, y, apoyándose en ésta, se lanzó sobre la cabecera de la cama. Apenas toda esta gimnasia duró un minuto. El orangután, al entrar en la habitación, había rechazado contra la pared el postigo, que de nuevo quedó abierto.

El marinero estaba entonces contento y perplejo. Tenía grandes esperanzas de capturar ahora al animal, que podría escapar difícilmente de la trampa donde se había metido, de no ser que lo hiciera por la cadena, donde él podría salirle al paso cuando descendiese. Por otra parte, le inquietaba grandemente lo que pudiera ocurrir en el interior de la casa, y esta última reflexión le decidió a seguir persiguiendo al fugitivo. Para un marinero no es difícil trepar por una cadena de pararrayos. Pero una vez hubo llegado a la altura de la ventana, cerrada entonces, se vio en la imposibilidad de alcanzarla. Lo más que pudo hacer fue dirigir una rápida ojeada al interior de la habitación. Lo que vio le sobrecogió con tal terror, que estuvo a punto de caer.

Fue entonces cuando se oyeron los terribles gritos que despertaron, en el silencio de la noche, al vecindario de la rue Morgue. Madame L'Espanaye y su hija, vestidas con sus camisones, estaban, según parece, arreglando algunos papeles en el cofre de hierro ya mencionado, que había sido llevado al centro de la habitación. Estaba abierto, y esparcido su contenido por el suelo. Sin duda, las víctimas se hallaban de espaldas a la ventana, y, a juzgar por el tiempo que transcurrió entre la llegada del animal y los gritos, es probable que no se hubieran dado cuenta inmediatamente de su presencia. El golpe del postigo debieron atribuirlo verosímilmente al viento.

Cuando el marinero miró al interior, el terrible animal había asido a madame L'Espanaye por los cabellos, que en aquel instante tenía sueltos, por estarse peinando, y movía la navaja ante su rostro, imitando los ademanes de un barbero. La hija yacía inmóvil en el suelo, desvanecida. Los gritos y esfuerzos de la anciana (durante los cuales estuvo arrancando el cabello de su cabeza) tuvieron el efecto de cambiar los probables propósitos pacíficos del orangután en pura cólera. Con un decidido movimiento de su hercúleo brazo le separó casi la cabeza del tronco. A la vista de la sangre, su ira se convirtió en frenesí. Con los dientes apretados y despidiendo llamas por los ojos, se lanzó sobre el cuerpo de la hija y clavó sus terribles garras en su garganta, sin soltarla hasta que expiró. Sus extraviadas y feroces miradas se fijaron entonces en la cabecera del lecho, sobre la cual la cara de su amo, rígido por el horror, apenas se distinguía en la oscuridad. La furia de la bestia, que recordaba todavía el terrible látigo, convirtiose instantáneamente en miedo. Comprendiendo que lo que había hecho le hacía acreedor de un castigo, pareció deseoso de ocultar su sangrienta acción. Con la angustia de su agitación y nerviosismo, comenzó a dar saltos por la alcoba, derribando y destrozando los muebles con sus movimientos y levantando los colchones del lecho. Por fin, apoderose del cuerpo de la joven y a empujones, lo introdujo por la chimenea en la posición en que fue encontrado. Después se lanzó sobre el de la madre y lo precipitó de cabeza por la ventana.

Al ver que el mono se acercaba a la ventana con su mutilado fardo, el marinero retrocedió horrorizado hacia la cadena, y, más que agarrándose, dejándose deslizar por ella, se fue inmediata y precipitadamente a su casa, con el temor de las consecuencias de aquella horrible carnicería, y abandonando gustosamente, tal fue su horror, toda preocupación por lo que pudiera sucederle al orangután. Así, pues, las voces oídas por la gente que subía las escaleras fueron sus exclamaciones de horror y espanto, mezcladas con los diabólicos charloteos del animal.

Poco me queda que añadir. Antes del amanecer debió de huir el orangután de la alcoba utilizando la cadena del pararrayos. Maquinalmente cerraría la ventana al pasar por ella. Un tiempo más tarde fue capturado por su dueño, quien lo vendió por una fuerte suma para el *Jardin des Plantes*. Después de haber contado cuanto sabíamos, añadiendo algunos comentarios por parte de Dupin, en el *bureau* del prefecto de Policía, Le Bon fue puesto inmediatamente en libertad. El funcionario, por muy inclinado que estuviera en favor de mi amigo, no podía disimular de modo alguno su mal humor, viendo el giro que el asunto había tomado, y permitiose unas frases sarcásticas con respecto a la corrección de las personas que se mezclaban en las funciones que a él le correspondían.

—Déjele que diga lo que quiera —me dijo luego Dupin, que no creía oportuno contestar—. Déjele que hable. Así aligerará su conciencia. Por lo que a mí respecta, estoy contento de haberle vencido en su propio terreno. No obstante, el no haber acertado la solución de este misterio no es tan extraño como él supone, porque, realmente, nuestro amigo el prefecto es lo suficientemente agudo para pensar sobre ello con profundidad. Pero su ciencia carece de *base*. Todo él es cabeza, mas sin cuerpo, como las pinturas de la diosa Laverna, o, por mejor decir, todo cabeza y espalda, como el bacalao. Sin embargo, es una buena persona. Le aprecio particularmente por un golpe maestro de afectación, al cual debe su reputación de hombre de talento. Me refiero a su modo *de nier ce qui est, et d'expliquer ce qui n'est pas*[*].

EL MISTERIO DE MARIE ROGÊT

Una consecuencia de «Los crímenes de la rue Morgue»*

*Es giebt eine Reihe idealischer Begebenhei-
ten, die der Wirklichkeit parallel läuft. Selten fa-
llen sie zusammen. Menschen und Zufälle mo-
dificiren gewönlich die idealische Begebenheit, so
dass sie unvollkommen erscheint, und ihre Fol-
gen gleichfalls unvollkommen sind. So bei der Re-
formation: statt des Protestantismus kam das
Lutherthum hervor.*

Hay series ideales de acontecimientos
que corren paralelamente por las reales. Rara
vez coinciden. Hombres y circunstancias, en
general, modifican el curso de los hechos de
tal suerte, que lo hacen parecer imperfecto,
y sus consecuencias son del mismo modo
imperfectas. Ocurrió así con la Reforma. En
lugar del protestantismo, llegó el luteranismo.

NOVALIS: *Moralische Ansichten*

---

* Al publicarse esta novela por primera vez, la nota que sigue fue
considerada innecesaria. Pero han transcurrido bastantes años
desde la tragedia en que se basa esta historia, y nos parece conveniente e indispensable la siguiente explicación: Una joven llamada Mary Cecilia Rogers fue asesinada en las inmediaciones de Nueva York, y aunque su muerte despertó un interés intenso y
persistente, el misterio que envolvía las circunstancias en que se
produjo el suceso todavía no se había esclarecido en la época en
que fue publicado este artículo (noviembre de 1842). El autor,
con el pretexto de contar la historia de una *grisette* parisiense, trazó minuciosamente los principales hechos, al mismo tiempo que
los no principales y simplemente paralelos al asesinato efectivo
de Mary Rogers. Así, todo argumento de la ficción es aplicable a
la verdad, y el fin que se persigue es el esclarecimiento de esa verdad.

Pocas personas existen, incluso entre los pensadores más serenos, que no hayan creído alguna vez en lo sobrenatural, enfrentándose a ciertas *coincidencias* tan extraordinarias, que la inteligencia se siente incapaz de considerarlas como tales. Semejantes sentimientos, ya que esta semicreencia a que aludo jamás posee la energía perfecta del pensamiento, no pueden ser reprimidos sino difícilmente, a no ser que no se los atribuya a la ciencia del azar, o, técnicamente, al cálculo de probabilidades. Éste, en esencia, es puramente matemático. Así, nos encontramos con la anomalía de la ciencia más rigurosamente exacta aplicada a la sombra y a la espiritualidad de lo que más impalpable se encuentra en el mundo de la especulación.

Los extraordinarios pormenores que se me invita a publicar forman, como veremos, por lo que se refiere a la sucesión de épocas, la primera parte de una serie de *coincidencias* apenas imaginables, cuya parte secundaria o última hallarán los lectores en el reciente asesinato de MARY CECILIA ROGERS, cometido en Nueva York.

Cuando hace casi un año, en un pequeño artículo titulado *Los crímenes de la rue Morgue,* describía algunos rasgos salientes del carácter moral de mi amigo C. Auguste Dupin, no se me ocurrió entonces que tiempo más tarde habría de ocuparme de nuevo de este asunto. No perseguía otra intención que la de describir su temperamento, conseguido perfectamente a través de la ex-

---

El misterio de Marie Rogêt fue escrito a gran distancia del teatro del crimen, y el autor no poseía otros medios de indagación que los proporcionados por los periódicos que pudo conseguir. Por esta razón, careció de muchos documentos de que hubiera hecho uso si se hubiera hallado en el país y hubiera investigado en el lugar del suceso. No obstante, no estará de más recordar que las declaraciones de *dos* personas, una de las cuales era madame Deluc, del presente relato, hechas en ocasiones diferentes y mucho después de la publicación de esta novela, confirmaron plenamente, no sólo su conclusión, sino todos los principales pormenores hipotéticos en que se basaba. *(Nota de E. A. Poe.)*

traña serie de circunstancias que se concertaron para esclarecer la idiosincrasia del crimen. Hubiese podido añadir nuevos ejemplos, pero nada más hubiera probado. No obstante, algunos acontecimientos recientes, por su sorprendente desarrollo, despertaron en mi memoria, de pronto, algunos nuevos pormenores que supongo revestirán cierta apariencia de confesión obtenida violentamente. Enterado una vez de cuanto recientemente se me ha contado, muy extraño sería, en verdad, que guardase silencio con respecto a lo que pude ver y oír hace mucho tiempo.

Después de la terminación de la tragedia ocurrida con la muerte de madame L'Espanaye y su hija, el señor Dupin borró de su espíritu aquel asunto y se sumergió de nuevo en sus acostumbrados y sombríos ensimismamientos. Inclinado siempre a la abstracción, no tardó su carácter en ahuyentarme; y, continuando domiciliados en nuestro piso del *faubourg* Saint-Germain, prescindimos de toda ocupación relacionada con el porvenir, adormeciéndonos tranquilamente en el presente y tejiendo nuestros ensueños sobre la molesta trama del mundo exterior.

Pero duraron poco estos sueños. Se adivinará fácilmente que el papel que mi amigo representó en el drama de la rue Morgue había llamado la atención de la Policía parisiense. El nombre de Dupin llegó a ser muy familiar entre sus agentes. Como quiera que no sólo el prefecto, sino, a excepción de mí, cualquier otra persona, ignoraba el sencillo carácter de las deducciones de que se había valido mi amigo para desvanecer el misterio de aquel crimen, no era extraño que se considerara milagroso el caso, o que se consideraran las facultades analíticas del *chevalier* como las creadoras del prestigio maravilloso de la intuición.

Sin duda, su franqueza le hubiera impulsado a disuadir a todo curioso del error en que se encontraba. Pero su indolencia fue causa de que un asunto, cuya importancia e interés había cesado para él desde hacía largo tiempo, volviese a ser removido. Ocurrió así que

Dupin se convirtió en el foco luminoso hacia el que convergieron las miradas de la Policía, y en distintas circunstancias la Prefectura efectuó gestiones para utilizar sus aptitudes. Uno de estos casos, y de los más notables, fue el asesinato de una joven llamada Marie Rogêt.

Ocurrió el hecho unos dos años aproximadamente después del drama de la rue Morgue. Marie, cuyo nombre y apellido serán, sin duda, motivo de atención por su semejanza con los de una joven y desgraciada extranjera, era la hija única de la viuda Estelle Rogêt. Durante la niñez de la joven murió su padre, y desde esta época hasta dieciocho meses antes del asesinato a que esta narración se refiere, madre e hija vivieron juntas constantemente en la rue Pavée Saint-André*, donde madame Rogêt, ayudada por su hija, regentaba una *pensión*. Transcurrió así el tiempo, hasta que la joven cumplió los veintidós años, momento en que su belleza despertó la atención e interés de un perfumista establecido en la planta baja del Palais Royal, y cuya clientela componíase, sobre todo, de audaces aventureros que infestaban aquellos lugares. Monsieur Le Blanc** comprendía las ventajas que la presencia de la hermosa joven podía proporcionar a su establecimiento, y sus proposiciones fueron aceptadas por ella sin dificultad, a pesar de que en el espíritu de madame Rogêt se produjo algo más que una simple vacilación.

Las esperanzas del comerciante tuvieron éxito, y no tardaron en prestar notoriedad a sus salones los encantos de la linda *grisette*. Apenas transcurrido un año, los admiradores de la joven quedáronse sumidos en la mayor congoja. De pronto, Marie había desaparecido del establecimiento. Monsieur Le Blanc no supo explicar esta ausencia, y madame Rogêt enloqueció de terror y zozobra. Inmediatamente, los periódicos tomaron cartas en el asunto, y la Policía se dispuso a efectuar

---

* Nassau Street.
** Anderson.

serias averiguaciones, cuando un día, transcurrida apenas una semana, reapareció Marie sana y salva tras el mostrador de la perfumería, como de costumbre, pero con un aspecto ligeramente entristecido. Todas las investigaciones que se efectuaron, a excepción de las de carácter privado, se suspendieron. Monsieur Le Blanc, entonces como antes, no sabía absolutamente nada de lo ocurrido. Tanto Marie como su madre contestaron a cuantas preguntas se les dirigieron, diciendo que la joven había pasado aquella última semana en el campo, en casa de un pariente suyo. Decayó, pues, el interés con respecto a este asunto, y éste fue olvidado por casi todo el mundo; pero la joven, con el deseo de sustraerse a la impertinencia de la curiosidad, se despidió, en definitiva, del perfumista y se refugió en la casa de su madre, en la rue Pavée Saint-André.

Transcurrieron apenas cinco meses después de su regreso a casa, cuando de nuevo los amigos de la joven volvieron a alarmarse por otra repentina desaparición suya. Transcurrieron tres días sin que nada se supiera de ella. Al cuarto fue descubierto su cadáver flotando en el Sena*, cerca de la orilla y ante el barrio de la rue Saint-André, en un lugar situado cerca de los solitarios alrededores de la Barrière du Roule**.

Lo horrible del asesinato, porque desde un principio se evidenció que se trataba de un asesinato, la juventud y belleza de la víctima y, sobre todo, su anterior notoriedad, uníanse para producir una intensa conmoción en el sensible espíritu de los parisienses. No recuerdo otro caso parecido que hubiese producido tan vivo y general interés. Durante algunas semanas, las graves cuestiones políticas del día se olvidaron en la discusión de este único y apasionante asunto. El prefecto llevó a cabo desacostumbrados esfuerzos, y la Policía de París puso en actividad todos los recursos de que disponía.

---

* El Hudson.
* Weehawken.

Cuando fue descubierto el cadáver estábase muy lejos de suponer que el asesino pudiera tardar en sustraerse a las investigaciones que inmediatamente se ordenaron. Hasta pasada una semana no se creyó necesario ofrecer una recompensa, y aun entonces ésta se limitó a mil francos. Sin embargo, las pesquisas continuaron sin interrupción, bien que sin acierto, y se interrogó a gran número de individuos, aunque sin obtener resultado alguno. A pesar de ello, la falta absoluta de una pista en este misterio no hacía más que aumentar la excitación pública. Pasado el sexto día, se creyó oportuno doblar la recompensa que se había ofrecido, y poco a poco, como transcurriera otra semana sin que se llevase a cabo descubrimiento alguno y se convirtieran en graves *émeutes* las prevenciones que París había tenido siempre contra la Policía, el prefecto se decidió a prometer, por su cuenta y riesgo, la suma de veinte mil francos «por la delación del asesino», o, en el caso de que hubiera varias personas complicadas en el crimen, «por la delación de cada una de ellas». En el bando en que la recompensa se anunciaba prometíase, además, una total amnistía a todo cómplice que espontáneamente declarara en contra de su coautor. Y en todos los lugares en que fue fijado este documento oficial se añadió un cartel particular procedente de una determinada junta de ciudadanos que ofrecía, además de la suma ofrecida por la Prefectura, diez mil francos más. En conjunto, la recompensa ascendía a treinta mil francos, lo que, en realidad, constituye una cantidad extraordinaria, teniendo en cuenta la humilde condición de la víctima y lo frecuentes que son en las grandes poblaciones los delitos de esta naturaleza.

Desde entonces nadie dudó de que no tardaría en ser aclarado el misterio de aquel crimen. Pero, a pesar de que en uno o dos casos las detenciones que se practicaron parecieron prometer alguna claridad, no pudo descubrirse nada que acusara a los sospechosos, quienes no tardaron en ser puestos en libertad. Por extraño que esto parezca, desde el hallazgo del cadáver habían transcurrido ya tres semanas. Tres semanas sin que se hiciera luz alguna sobre el suceso, y no había llegado todavía a nuestros oídos la más leve referencia de un asunto que tan apasionadamente excitaba la curiosidad pública.

Consagrados a investigaciones que reclamaban toda nuestra atención desde hacía casi un mes, ni Dupin ni yo habíamos pisado la calle, ni recibido visita alguna, ni dado siquiera una leve ojeada a los más importantes artículos políticos de los periódicos. Trajo la primera noticia del crimen el señor G*** en persona. Vino a vernos el 13 de julio de 18..., a primera hora de la tarde, y estuvo con nosotros hasta muy entrada la noche. Se hallaba evidentemente malhumorado por el fracaso de los esfuerzos en descubrir a los asesinos. Con una actitud exclusivamente parisiense, afirmaba que su reputación se encontraba en tela de juicio, y que su honor se hallaba comprometido en aquel lance. Por otra parte, la opinión había fijado en él sus ojos, y estaba dispuesto a no regatear ningún sacrificio para conseguir la aclaración del misterio. Terminó su discurso, hasta cierto punto divertido, con una cortés alusión a lo que le pareció conveniente llamar *tacto* de Dupin, e hizo a éste una proposición directa, y en verdad muy generosa, cuyo valor no tengo derecho a revelar, aunque tampoco tiene relación alguna con el objeto del presente relato.

Como mejor pudo, mi amigo rechazó el cumplido, pero aceptó inmediatamente la proposición, aunque, bien es verdad, las ventajas de ésta habían de ser absolutamente incondicionales. Puntualizado este extremo, el prefecto, desde el primer momento, se extendió en explicar sus opiniones particulares, mezclándolas con abundantes comentarios acerca de las declaraciones del proceso, que todavía nosotros desconocíamos. Discurría prolijamente, y, sin duda alguna, incluso con gran eficiencia, cuando, al azar, me permití una observación acerca de la noche que avanzaba, sugiriendo que fuéramos a dormir. Dupin, apoltronado en su sillón de costumbre, era la viva encarnación del silencio atentísimo y respetuoso. Durante la entrevista había mantenido puestas las gafas, y como yo dirigiera de cuando en cuando una mirada tras sus cristales verdes, tuve la convicción de que, por silencioso que hubiera estado, no había sido su sueño menos profundo durante las siete u ocho horas últimas, tan pesadas, que precedieron a la marcha del prefecto.

A la mañana siguiente logré en la Prefectura una información de las declaraciones obtenidas hasta aquel momento, y en distintas redacciones de periódicos, un ejemplar de cada uno de los números en que había aparecido alguna información relativa a tan penoso asunto, desde su origen hasta el último momento. Después de haber efectuado una selección con respecto a lo positivamente falso, el conjunto de informes se redujo a lo siguiente:

Marie Rogêt había abandonado la casa de su madre en la rue Pavée Saint-André el domingo día 22 de junio de 18..., alrededor de las nueve de la mañana. Al salir, dio cuenta a monsieur Jacques Saint-Eustache*, y sólo a él, de su intención de pasar el día en compañía de una tía suya que vivía en la rue des Drômes. Esta calle es un pasaje corto y estrecho, pero muy concurrido, situado no lejos de la orilla del Sena y a unos tres kilómetros en línea recta de la *pensión* de madame Rogêt. Saint-Eustache, que era el prometido de Marie y vivía en la misma casa, donde comía también, había de ir a buscar a su novia al oscurecer y acompañarla a su domicilio. Pero durante la tarde llovió abundantemente, y creyendo que la muchacha se quedaría en casa de su tía durante toda la noche, como ya en otras ocasiones y circunstancias análogas había hecho, no creyó necesario cumplir su promesa. Al avanzar la noche, madame Rogêt —que estaba muy enferma y contaba setenta años de edad— manifestó su temor de que tal vez «no

---

* Payne.

volvería a ver nunca más a Marie»; pero en ese momento nadie dio importancia a la frase.

Se comprobó el lunes que la joven no había ido a la rue des Drômes, y una vez hubo transcurrido todo el día sin tener noticias suyas, se organizó una exploración, aunque tardía, por distintos lugares de la ciudad y sus alrededores. No obstante, hasta el cuarto día de su desaparición nada se supo de importancia con respecto a la joven. Aquel día —miércoles 25 de junio— un tal monsieur Beauvais[*], juntamente con otro amigo, iba en busca de las huellas de Marie, y al pasar cerca de la Barrière du Roule, por la margen opuesta de la rue Pavée, tuvo noticias de que por unos pescadores, que lo habían encontrado flotando sobre las aguas, acababa de ser transportado un cadáver a la orilla. Al ver el cuerpo, Beauvais, tras una corta vacilación, declaró que se trataba del cadáver de la joven empleada en la perfumería. Su amigo la reconoció antes.

Tenía el rostro lleno de sangre oscura, que en parte surgía de la boca. Como ocurre en los casos de las personas simplemente ahogadas, no se advertía espuma y tampoco decoloración en el tejido celular. En torno a su garganta veíanse algunas contusiones y señales de dedos. Los brazos estaban pegados al pecho y rígidos. Tenía la mano derecha crispada, y la izquierda medio abierta. En la muñeca de esta última veíanse señales de dos excoriaciones circulares, según parece producidas por cuerdas, o una cuerda a la que se hubiera dado más de una vuelta, una parte de la muñeca derecha tenía también bastantes rasguños, y lo mismo la espalda; pero, sobre todo, los omóplatos. Los pescadores, para transportar el cadáver hasta la orilla, lo habían atado con una cuerda, pero no era ésta la que había producido aquellas excoriaciones. La carne del cuello estaba tumefacta, pero no se veían en ella cortaduras ni contusiones que pudiesen parecer producidas por golpes.

_____

[*] Crommelin.

Estrechamente apretado en torno al cuello, se encontró un trozo de cordón. Al principio no pudo distinguirse. Estaba completamente hundido en la carne y sujeto por un nudo escondido precisamente bajo la oreja izquierda. Sólo esto hubiera bastado para producirle la muerte. El informe de los médicos garantizaba firmemente la virtud de la muerta. Según dijeron, había sido dominada por la fuerza bruta. Al ser hallado, el cadáver se encontraba en condiciones tales que por parte de sus amigos no podía haber la menor dificultad en su identificación.

El vestido estaba roto y en gran desorden. De su traje había sido rasgada de abajo arriba, desde el borde basta la cintura, una tira de treinta centímetros de ancho, sin que hubiera sido arrancada del todo, y daba tres vueltas en torno al talle, sujetándose a la espalda por una especie de nudo sólidamente hecho. La enagua era de suave muselina, y una tira, de unos cuarenta y cinco centímetros de largo, había sido arrancada completamente, pero con una gran limpieza y de una forma muy regular. La tira ceñía el cuello de la muerta, aunque flojamente, y terminaba en un nudo apretado. Sobre la banda de muselina y el trozo de cordón uníanse los lazos de un sombrero que quedaba colgando. El nudo que los cerraba no es el clásico que hacen las mujeres, sino corredizo y de estilo marinero.

Después de su identificación, el cadáver no fue depositado, según se acostumbraba, en la morgue (por otra parte, esta formalidad era innecesaria), sino que fue sepultado rápidamente, no lejos del lugar de la orilla donde había sido hallado. Gracias a las gestiones de Beauvais, no se dio publicidad al asunto, y transcurrieron siete días antes que se produjera el menor revuelo. No obstante, por último, una gran revista semanal* removió el asunto. Se exhumó el cadáver

---

* *The New York Mercury.*

y se ordenó iniciar de nuevo el sumario. Mas nada pudo averiguarse que no se conociera ya. Sin embargo, se mostraron a su madre y a sus amigos las ropas de la difunta, quienes las reconocieron sin dificultad, manifestando que eran las mismas que llevaba al salir de su casa.

La excitación por parte del público aumentaba de hora en hora. Varios individuos fueron detenidos y puestos seguidamente en libertad por no aparecer cargos contra ellos. Sobre todo, Saint-Eustache pareció sospechoso. Al principio no supo dar exacta cuenta del modo en que había empleado el domingo, en cuya mañana Marie había salido de su casa. Pero, por último, presentó a monsieur G*** testimonios que explicaban satisfactoriamente el uso que había hecho de cada hora de la mañana del citado día. Como transcurría el tiempo sin que se aportara ningún nuevo hallazgo, comenzaron a circular numerosos rumores contradictorios, y los periodistas dieron rienda suelta a su *imaginación*. Una, entre todas las hipótesis, atrajo particularmente la atención. Admitía ésta que Marie Rogêt no había muerto, y que el cadáver hallado en el Sena era el de otra desgraciada. Considero útil ofrecer al lector algunos fragmentos relacionados con una insinuación semejante, que transcribo *literalmente,* de *L'Etoile**, periódico dirigido, por lo común, con gran habilidad:

«Mademoiselle Rogêt salió de casa de su madre en la mañana del domingo 22 de junio de 18..., con el ostensible propósito de ir a ver a su tía, o a otro pariente cualquiera, a la rue des Drômes. Desde aquella hora no se sabe que nadie la haya visto. No se tiene de ella rastro alguno ni ninguna noticia.

»No se ha presentado nadie declarando haberla visto aquel día, una vez cruzado el umbral de la casa de su madre.

---

* *The New York Brother Jonathan,* dirigido por H. Hastings Weld, Esq.

»Ahora bien: aunque no tengamos la evidencia de que Marie Rogêt viviera aún el domingo día 22 de junio después de las nueve de la mañana, sí la tenemos de que existiera hasta dicha hora. El miércoles, al mediodía, encontrose el cuerpo de una mujer flotando junto a la orilla del río, cerca de la Barrière du Roule. Aun suponiendo que Marie Rougêt hubiera sido arrojada al agua tres horas más tarde de la salida de casa de su madre, nunca serían más de tres días los que transcurrieron desde el momento de su marcha, tres días justos. Pero es insensato imaginar que el crimen, si es que ha muerto asesinada, hubiera podido consumarse con la rapidez suficiente para permitir a los asesinos arrojar el cuerpo al río antes de la medianoche. Quienes cometen tan terribles crímenes eligen las tinieblas y no la luz.

»Así, pues, vemos que si el cuerpo hallado en el río *es* el de Marie Rogêt, no hubiera podido permanecer en el agua más de dos días y medio, o tres, a lo sumo. La experiencia demuestra que los cuerpos ahogados o arrojados inmediatamente al agua después de una muerte violenta necesitan de seis a diez días para que una determinada descomposición los eleve a la superficie. Un cadáver al que se hiciera reventar, y que asciende antes que la inmersión haya durado, cuando menos, cinco o seis días, se sumerge de nuevo si se le abandona a sí mismo. Y nos preguntamos ahora: ¿qué es lo que, en el caso presente, ha hecho cambiar el curso de la Naturaleza?

»Si el cuerpo, en estado de descomposición, permaneció junto a la orilla hasta la noche del martes, encontraríase allí alguna huella de los asesinos. También resulta muy dudoso que el cadáver hubiera podido salir tan pronto a la superficie, aun en el caso de que lo arrojasen al río dos días después de la muerte. Por último, es demasiado improbable que los criminales que cometen un asesinato como el que se les atribuye hayan arrojado al agua el cuerpo sin un peso cualquiera que lo mantuviese sumergido, cuando tan fácil era tomar una precaución semejante».

El periodista se extiende tratando de demostrar que el cuerpo debe de haber permanecido en el agua «no solamente tres días, sino, cuando menos, cinco veces tres días», porque, dado su estado de descomposición, le costó a Beauvais gran trabajo reconocerlo. No obstante, este último extremo era completamente falso. Continúo copiando:

«¿Cuáles son, pues, los hechos en que monsieur Beauvais se funda para manifestar que no duda de que se trate del cadáver de Marie Rogêt? Según declara, ha desgarrado la manga del vestido y ha encontrado señales que la identifican. Generalmente, ha supuesto el público que tales señales consistiesen en una especie de cicatriz. Pero monsieur Beauvais pasó la mano por el brazo y encontró *vello,* característica, según creemos, tan poco atrayente como puede suponerse, y tan poco convincente como hallar un brazo en una manga. Aquella noche, Beauvais no regresó a su casa; pero el miércoles por la tarde, a las siete, dirigió dos letras a madame Rogêt para decirle que seguía su curso el sumario relativo a la muerte de su hija. Aun admitiendo que madame Rogêt, por su edad y su dolor, no pudiera personarse en el lugar del suceso, lo que en verdad es demasiado conceder, sin duda alguna hubiese encontrado a alguien capaz de comprender la importancia de ir allí a continuar las investigaciones, y con más razón aún si estaban seguros de que el cadáver era el de Marie. Pero nadie fue, ni se ha dicho ni oído nada en la rue Pavée Saint-André, con respecto a este asunto, que hubiera podido llegar incluso a oídos del vecindario de dicha casa. Monsieur Saint-Eustache, el novio y futuro esposo de Marie, se había alojado en el mismo domicilio de la madre, y declaró no haber oído hablar del hallazgo del cadáver de su prometida hasta la mañana siguiente, cuando monsieur Beauvais, personalmente, le vio en su habitación y le enteró de ello. No deja de sorprender que una noticia de tanta importancia hubiese sido recibida con tanta tranquilidad».

De este modo pretende el periódico sugerir cierta falta de interés en los parientes y amigos de Marie Rogêt, lo cual sería absurdo en el caso de que creyeran que el cadáver encontrado era realmente el de la joven. En suma: *L'Etoile* se propone insinuar que Marie, en connivencia con sus amigos, se ausentó de la capital por razones que comprometían su virtud, y que estos amigos, al descubrir en el Sena un cadáver con cierta semejanza a la joven, aprovecharon la ocasión para impresionar al público con la noticia de su muerte. Pero *L'Etoile* ha procedido con demasiada precipitación, ya que claramente ha sido probado que no existió la falta de interés a que alude; que la anciana madame Rogêt hallábase tan excesivamente débil y conmovida, que le hubiera sido completamente imposible ocuparse de nada; que Saint-Eustache, lejos de recibir la noticia con frialdad, quedó aturdido por la aflicción, y que dio tales muestras de desesperación, que monsieur Beauvais creyó conveniente encargar a un pariente y amigo que le vigilara e impidiera presenciar la autopsia que había de seguir a la exhumación. Además, aunque afirme *L'Etoile* que el cuerpo se ha vuelto a enterrar a costa del Estado, que la familia ha rechazado el ventajoso ofrecimiento de una sepultura particular y que a la ceremonia no asistió ningún miembro de la familia; aunque *L'Etoile,* repito, afirme todo esto para asegurar la impresión que trata de producir, *todo* ello ha sido refutado ampliamente. En uno de los posteriores números del mismo periódico se intentó hacer recaer las sospechas sobre el propio Beauvais. El redactor decía:

«En este asunto acaba de producirse un cambio. Según nuestros informes, en cierta ocasión, mientras madame B*** se hallaba en casa de madame Rogêt, monsieur Beauvais, que salía, dijo que iría un *gendarme,* y que ella, madame B***, tuviese cuidado de no decir ni una sola palabra al *gendarme* hasta que él hubiera regresado, y le dejase encargado del asunto.

»En la presente situación, parece que monsieur Beauvais oculta en su cerebro el misterio del hecho. No es posible dar un solo paso sin monsieur Beauvais. Por cualquier lado que se vaya, se tropezará con él.

»Caprichosamente ha dispuesto que nadie, excepto él, intervenga en el sumario, y en forma harto incongruente, si ha de darse crédito a sus recriminaciones, ha prescindido de los parientes. Se ha mostrado muy obstinado en la idea de que se impida a los parientes ver el cadáver».

A las sospechas acumuladas de tal modo contra Beauvais pareció dar cierto viso de verosimilitud el siguiente hecho: pocos días antes de la desaparición de la muchacha, alguien que fue a visitarle a su despacho, durante la ausencia de aquél, halló *una rosa* colocada en el ojo de la cerradura y la palabra *Marie* escrita sobre una pizarra colocada a la altura de la mano.

La impresión general, cuando menos tal como pudimos deducirla de las informaciones periodísticas, era que Marie había sido víctima de *una banda* de furiosos forajidos que la condujeron a orillas del río, maltratándola y asesinándola. No obstante, un diario de gran influencia, *Le Commerciel**, combatió apasionadamente esta creencia popular. Extracto de sus columnas uno o dos pasajes:

«Nos hallamos persuadidos de que el sumario, hasta el momento actual, ha seguido una falsa pista, tanto más cuanto que se ha dirigido a la Barrière du Roule. No es posible que una joven, conocida por varios millares de personas como era Marie, haya podido recorrer tan largo trayecto sin hallar a alguien para quien su rostro no fuera familiar. Cualquiera que la hubiese visto lo recordaría fácilmente, porque la joven se hacía simpática a cuantos la trataban. Salió de su casa precisamente a una hora en que las calles se hallan muy concurridas.

»No es posible que haya llegado a la Barrière du Roule y la rue des Drômes sin haber sido reconocida, cuando menos, por una docena de personas y, no obstante, en ninguna declaración se afirma que la hayan visto más que en el umbral

---

* *New York Journal of Commerce.*

de la casa de su madre, ni en ellas tampoco hay prueba alguna de que haya salido tan lejos, de no ser el testimonio relativo a la *intención expresada* por ella misma. Un trozo de su vestido aparecía desgarrado, ceñido alrededor de ella y anudado; de este modo, el cadáver pudo ser transportado como un paquete, y si el asesinato se cometió en la Barrière du Roule, no era necesario tomar tales medidas. La circunstancia de que se haya encontrado el cadáver flotando cerca de la Barrière no prueba que fuese éste el lugar desde donde lo arrojaron al agua.

»Un trozo de las enaguas de la desventurada joven, de sesenta centímetros de largo por treinta de ancho, fue arrancado y ceñido en torno a su cuello y anudado sobre la nuca, probablemente con objeto de ahogar sus gritos, hecho realizado, sin duda, por unos forajidos que ni siquiera tendrían pañuelos de bolsillo».

Uno o dos días antes que el prefecto nos visitara, la Policía obtuvo un informe muy importante, que parecía destruir la argumentación planteada por *Le Commerciel,* cuando menos en su parte de mayor interés. Dos chicos, hijos de una tal madame Deluc, merodeando por el bosque cerca de la Barrière du Roule, entraron al azar en un recinto apartado, lleno de maleza, donde hallaron tres o cuatro grandes piedras que formaban una especie de silla con respaldo y asiento. Sobre la piedra superior se hallaban unas enaguas, y sobre la segunda, un chal de seda. Encontraron también allí una sombrilla, unos guantes y un pañuelo de bolsillo, en el cual veíase bordado el nombre de «Marie Rogêt».

En los espinos de los alrededores se descubrieron algunos jirones de ropa. El suelo se hallaba pisoteado, y la maleza, aplastada. Advertíanse las características huellas de una lucha. Se descubrió, además, que entre la espesura y el río estaban derribadas las empalizadas, y que la tierra ofrecía huellas parecidas a las que puede producir un cuerpo pesado al ser arrastrado.

Un semanario, *Le Soleil**, hizo acerca de este hallazgo los comentarios siguientes, que no eran más que los ecos de los sentimientos de toda la prensa parisiense:

«Evidentemente, estos objetos han permanecido allí durante tres o cuatro semanas, cuando menos. Hallábanse completamente enmohecidos por la acción de la lluvia y apelmazados por la humedad. El césped había crecido en torno a ellos y los cubría en parte. La seda de la sombrilla era sólida, pero las varillas estaban cerradas, y la parte superior de la tela había sufrido los rigores de la humedad, de tal modo que, al abrirla, la sombrilla se rasgó.

»Los jirones de ropa que colgaban de las zarzas tendrían unos siete centímetros de ancho por quince de largo. Uno de ellos pertenecía al borde del vestido, que estaba remendado. El otro era un trozo de falda, pero no del borde. Parecían tiras arrancadas, y colgaban de un zarzal a un pie del suelo.

»No cabe duda de que se ha descubierto, por fin, el teatro de tan abominable crimen».

Inmediatamente después de haberse realizado este descubrimiento apareció un nuevo testigo. Madame Deluc declaró ser la dueña de un merendero situado al borde de la carretera, no lejos de la margen del río opuesta a la Barrière du Roule. En aquel lugar, los alrededores son solitarios, muy solitarios. Todos los domingos se reúnen allí los sujetos más sospechosos de la ciudad, quienes atraviesan el río en barca.

Aproximadamente, hacia las tres del domingo en cuestión llegó al ventorro una joven acompañada por un hombre de rostro cetrino. Durante un rato estuvieron solos. Después, al marcharse, se dirigieron hacia algún espeso bosquecillo de las cercanías. A madame Deluc le llamó la atención el vestido de la joven, por su semejanza con el de una parienta suya, ya difunta, y,

---

* *Philadelphia Saturday Evening Post*, dirigido por C. J. Peterson, Esq.

sobre todo, el chal. Una vez la pareja se hubo marchado, apareció en el ventorro una pandilla de malandrines que produjeron gran alboroto. Comieron y bebieron sin pagar, y siguieron después la misma dirección de los jóvenes. Regresaron al merendero al oscurecer, y más tarde cruzaron el río rápidamente.

El mismo día, después de anochecido, madame Deluc y su hijo mayor oyeron unos gritos de mujer en los alrededores del ventorro. Eran gritos penetrantes, pero duraron poco tiempo. Madame Deluc reconoció no sólo el chal hallado en la espesura, sino también el vestido del cadáver. Un conductor de ómnibus, llamado Valence*, declaró que también había visto a Marie Rogêt atravesar el Sena en barca, aquel mismo domingo, en compañía de un joven cetrino. Valence conocía a Marie y no podía equivocarse en su identificación. También los parientes de Marie reconocieron los objetos hallados en el bosquecillo.

Esta serie de declaraciones e informes que recogí en los periódicos, por encargo de Dupin, encerraban un punto extremo de la mayor importancia. Inmediatamente después del hallazgo de los aludidos restos, se encontró en las cercanías del lugar, que se creía entonces haber sido teatro del crimen, el cuerpo inanimado o casi inanimado de Saint-Eustache, el prometido de Marie. A su lado se encontró un frasco con la etiqueta «láudano». El aliento del hombre acusaba envenenamiento. Murió sin haber pronunciado una palabra. Se le encontró una carta en la que brevemente expresaba su amor a Marie y su firme propósito de suicidio.

—No creo necesario decirle —comentó Dupin al terminar la lectura de las notas— que éste es un caso bastante más complicado que el de la rue Morgue, del cual se diferencia en un punto muy importante. Esto es un ejemplo del crimen cruel, pero *ordinario*. No ha-

---

* Adam.

llamos en él nada que sea particularmente exagerado, *outré*. Le ruego que se fije en que, por esta razón, ha parecido sencillo el misterio, aunque aquélla sea precisamente el motivo por el cual hubo de considerarse como más difícil de resolver.

»Por esto, desde un principio, se consideró superfluo ofrecer una recompensa. Los pedantes auxiliares de G*** eran demasiado superiores para comprender cómo y por qué *podía haberse* cometido semejante crimen. Su imaginación les permitía idear un modo —o varios—, un motivo —o varios—, y como no era imposible que uno de tan numerosos medios y motivos *pudiera* ser el único cierto, creyeron como demostrado que el real *debía* ser uno de aquéllos. Pero la facilidad con que concibieron ideas tan diferentes, y hasta el carácter verosímil con que cada una estaba revestida, debieron haber sido tomados por indicios de la dificultad antes que de la facilidad atribuida a la explicación del enigma. Ya le hice a usted notar que, saliéndose fuera del plan ordinario de las cosas, debe la razón encontrar su camino, o no lo encontrará nunca en la investigación de la verdad, y que en casos como éste lo importante no es decir: "¿Qué hechos son los que se presentan?", sino: "¿Qué hechos son los que se presentan que no se presentaron antes?".

»En las investigaciones llevadas a cabo en casa de madame L'Espanaye, los agentes de G*** se desanimaron y confundieron ante esta misma *singularidad* que para una inteligencia bien constituida hubiera sido el presagio más firme del éxito. Y esta misma inteligencia habríase sumido en la desesperación por el carácter corriente de todos cuantos hechos se ofrecen al examen en el caso de la joven perfumista, y que nada positivo han revelado todavía, de no ser la presunción de los funcionarios de la Prefectura.

»En el caso de madame L'Espanaye y de su hija, desde el principio de nuestra investigación, no hubo para nosotros la menor duda de que había sido cometido un asesinato. Desde luego, quedaba excluida toda idea de suicidio. En el caso actual también tenemos que eliminarla. El cadáver encontrado en la Barrière du Roule ha sido hallado en circunstancias que no nos permiten ninguna vacilación con respecto a extremo tan importante. Pero se ha insinuado que dicho cadáver no es el de Marie Rogêt, cuyo asesino, o asesinos, están todavía por descubrir, por cuyo hallazgo se ofrece una recompensa y que hoy constituye el único motivo de nuestras relaciones con el prefecto. Tanto usted como yo conocemos bien a este señor. En él no debemos confiar demasiado. Lo mismo que si, tomando como punto de referencia el cadáver hallado y siguiendo la pista de un criminal, descubrimos que el cuerpo no es el de Marie; igualmente si tomamos por punto de referencia a la joven, viva aún, volvemos a encontrarla no asesinada, nuestro trabajo, en uno u otro caso, es estéril, puesto que tenemos que entendernos con G***. Por tanto, puesto que conviene a nuestra propia causa, si no a la de la Justicia, es indispensable que nuestros primeros pasos sean de comprobación de la identidad del cadáver, en el caso de que corresponda a la desaparecida Marie Rogêt.

»Las argumentaciones de *L'Etoile* han hallado público eco. Incluso el periódico está convencido de su trascendencia, según se deduce de la forma en que comienza uno de los reportajes del asunto en cuestión. "Algunos diarios de la mañana —dice— hablan del *decisivo* artículo de *L'Etoile* en su número del lunes". A mi entender, no me parece tal artículo decisivo más que por lo que se refiere al interés del redactor. No debemos olvidar que, por lo general, el fin que nuestros periódicos persiguen es el de impresionar a sus lectores y atraer la atención, antes que favorecer la causa de la verdad. Este último objetivo no se persigue, de no ser que coincida con el primero. El periódico que concuerda con la opinión general, por bien fundamentada que ésta esté, no consigue el crédito del público. El vulgo considera como profundo a quien *propugna contradicciones* que se hallan en contra de la opinión general. Tan-

to en lógica como en literatura, el *epigrama* es el género más inmediato y universalmente apreciado. En los
dos casos, según el orden del mérito, es el género más
inferior.

»Digo con esto que el carácter entre epigramático y
melodramático de esta suposición (la de que Marie
Rogêt vive todavía) es el que ha inspirado a *L'Etoile* antes que ningún otro aceptable, asegurándose así entre
el público una favorable acogida. Examinemos ahora
los puntos principales de la argumentación de este periódico y fijémonos en la incoherencia que desde el principio la inspira.

»Por lo pronto, el periódico desea demostrarnos, teniendo en cuenta el corto intervalo transcurrido entre
la desaparición de Marie y el hallazgo del cadáver flo-
tante, que éste no puede ser el de ella. Para el argu-
mentador, lo fundamental es reducir dicho intervalo
desde el principio a la duración más pequeña posible.
Persiguiendo sin razonamiento este fin, desde el comienzo se lanza a una pura suposición. "Es insensato
imaginar —dice— que el crimen, si es que ha muerto asesinada, hubiera podido consumarse con la rapidez suficiente para permitir a los asesinos arrojar el cuerpo
al río antes de la medianoche." Inmediatamente, y de
la forma más natural, nosotros preguntamos: *¿Por qué?*
¿Por qué es insensato imaginar que el asesinato se haya
cometido *cinco minutos* después de que la joven aban-
donase el domicilio de su madre? ¿Por qué es insensato imaginar que se cometió el crimen a una hora
cualquiera del día? Los crímenes se cometen a todas
horas. Pero aun cuando este asesinato se haya cometido en un instante cualquiera, entre las nueve de la
mañana del domingo y las doce menos cuarto de la noche, siempre habría quedado tiempo bastante para
"arrojar el cuerpo el río antes de la medianoche". Por
tanto, la suposición se reduce a esto: el crimen no ha
podido perpetrarse el domingo, y si a *L'Etoile* le permi-
timos suponer esto, podemos concederle todas las li-
bertades posibles.

»Puede admitirse que el citado párrafo, que comenzaba así: "Es insensato imaginar que el crimen..., etcétera", aunque impreso de esta forma por *L'Etoile,* fue realmente concebido por el periodista bajo esta otra forma: "Es insensato imaginar que el crimen, si es que se ha cometido un crimen, haya podido cometerse con la suficiente rapidez para permitir a los criminales arrojar el cuerpo al río antes de la medianoche". Decimos nosotros que es insensato suponer eso, y al mismo tiempo suponer, como quisiéramos, que el cuerpo *no* fue arrojado al agua sino *pasada* la medianoche, opinión hasta cierto punto mal deducida, pero que no es tan completamente irrazonada como la aparecida en el periódico.

»Si simplemente se me hubiera propuesto —continuó Dupin— refutar este extremo de la teoría argumentada por *L'Etoile,* lo habría dejado tal como estaba. Pero nosotros nada tenemos que ver con *L'Etoile,* sino con la verdad. En realidad, la frase no tiene más que un sentido, que he aclarado perfectamente. Pero es imprescindible que vayamos tras las simples palabras buscando una idea que dichas palabras dan evidentemente a entender, aunque de un modo positivo no la expresen. La intención del periodista era la de manifestar que resultaba poco probable, cualquiera que fuese el momento del día o de la noche del domingo en que el asesinato se cometiera, que los criminales se hubiesen arriesgado a transportar el cuerpo hasta la orilla antes de la medianoche.

»Precisamente en esto se funda la suposición de que me quejo. Se cree que el asesinato se cometió en tal sitio y en determinada circunstancia, y que necesariamente hubo de *llevarse* el cuerpo a la orilla. Pero el crimen podía haberse perpetrado en la orilla o en el río mismo, y, por tanto, el lanzamiento del cuerpo al agua, hecho al que fue necesario proceder en cualquier instante del día o de la noche, habría de resultar la operación más inmediata y fácil. Comprenderá usted que yo no sugiero aquí nada que me parezca probable o que esté de acuerdo con mi propia opinión. Hasta este instante no he hecho referencia a los *elementos* de la causa. Sencillamente quiero prevenirle a usted acerca del tono general de las *insinuaciones* de L'Etoile, y despertar su atención con respecto al carácter de prejuicio que desde el primer momento revelan.

»Habiendo prescrito así un límite de acuerdo con sus ideas preconcebidas, y suponiendo que el cuerpo hallado era el de Marie, aquél no hubiese podido permanecer en el agua, de no ser durante un espacio muy breve de tiempo. Por esto el periódico viene a decir: "La experiencia demuestra que los cuerpos ahogados o arrojados inmediatamente al agua después de una muerte violenta necesitan de seis a diez días para que una determinada descomposición los eleve a la superficie. Un cadáver al que se hiciera reventar, y que asciende antes que la inmersión haya durado, cuando menos, cinco o seis días, se sumerge de nuevo si se le abandona a sí mismo".

»Tácitamente han admitido estas afirmaciones todos los periódicos de París, excepto *Le Moniteur*[*], que insiste en rebatir la parte del párrafo relativa a los cuerpos de los ahogados, citando cinco o seis casos en que los cuerpos de personas evidentemente ahogadas se han hallado flotando después de un espacio de tiempo menor del fijado por L'Etoile. Sin embargo, hay algo excesivamente antifilosófico en el intento de *Le Moniteur*, rechazando la general afirmación de L'Etoile, cuando cita algunos casos particulares en contra de aquéllos; aun cuando hubiese sido posible traer a colación cincuenta casos en vez de cinco cadáveres hallados en la superficie del agua al cabo de dos o tres días, los cincuenta ejemplos hubieran podido considerarse como simples excepciones de la regla de L'Etoile, hasta que esta misma regla fuera refutada definitivamente. Admitida (y *Le Moniteur* no la niega, sino que insiste tan

---

[*] *The New York Commercial Advertiser,* dirigido por el coronel Stone.

sólo en las excepciones), la argumentación de *L'Etoile* conserva toda su fuerza, porque no pretende deducir más que una cuestión de *probabilidad* con respecto a si un cuerpo puede ascender a la superficie en menos de tres días, posibilidad que continuará en favor de *L'Etoile* hasta que los ejemplos alegados tan infaliblemente alcancen un número bastante para combatir una regla opuesta.

»Comprenderá usted inmediatamente que toda argumentación así se dirige contra la regla misma; y con este objeto debemos hacer el *razonado* análisis de ésta. Ahora bien: por lo general, el cuerpo humano no es ni mucho más ligero ni mucho más pesado que el agua del Sena; es decir, el peso específico del cuerpo humano, en sus condiciones naturales, es igual al del volumen de agua dulce que desaloja. Los cuerpos de los individuos gruesos y robustos, de pequeño esqueleto, y, por lo general, los de todas las mujeres, son más ligeros que los de los individuos delgados y de esqueleto grande, y, generalmente, de los de todos los hombres; y el peso específico del agua de un río sufre alguna influencia del flujo del mar. No obstante, prescindiendo de la marea, puede asegurarse que *muy pocos* cuerpos humanos se sumergen del todo en el agua dulce, *aun por su propio peso*. Al caer en un río, están en condiciones, en su mayoría, de flotar si dejan que se establezca el equilibrio conveniente entre el peso específico del agua y el suyo mismo; es decir, si se dejan sumergir completamente, exceptuando las menores partes posibles. La mejor posición para el hombre que no sabe nadar es la vertical de la persona que camina por tierra; la cabeza completamente echada hacia atrás y sumergida, dejando al nivel del agua tan sólo la boca y las narices. En estas condiciones, todos podremos flotar sin dificultades y sin esfuerzo alguno. Sin embargo, es evidente que el peso de los cuerpos y el del volumen de agua desalojado se hallan entonces rigurosamente equilibrados, y la menor cosa bastará para que uno se imponga al otro. Un brazo, por ejemplo, elevado por encima del agua y, por consiguiente, privado de apoyo, es un peso adicional suficiente para sumergir por completo la cabeza, mientras que un socorro accidental del más ínfimo trozo de madera nos permitirá que la levantemos lo suficiente para mirar en torno nuestro.

»Ahora bien: en los esfuerzos que efectúa una persona que no practica la natación, los brazos, invariablemente, se agitan en el aire, al mismo tiempo que la cabeza insiste en conservar su acostumbrada posición de perpendicularidad. Con ello se produce la inmersión de la boca y la nariz, y como consecuencia de los esfuerzos para respirar debajo del agua, el que ésta se introduzca en los pulmones. El estómago la absorbe en gran cantidad, y el cuerpo aumenta de peso, reforzado en virtud de la diferencia de densidad que existe entre el aire que distendía primitivamente estas cavidades y el líquido que las llena luego. Es regla general que esta diferencia basta para sumergir a un cuerpo, pero no en los casos de individuos de pequeño esqueleto, que poseen una cantidad normal de grasa y materia fofa, porque esta clase de personas flotan incluso después de ahogados.

»El cuerpo, que suponemos se encuentra en el fondo del río, continuará en él hasta que, por una circunstancia cualquiera, su peso específico se haga menor que el del volumen de agua que desaloja. Este efecto puede ser producido por la descomposición o por otra causa. La primera produce los gases que distienden los tejidos celulares y da a los cadáveres esa *hinchazón* de tan espantoso aspecto. Cuando llega la distensión a un punto en que el volumen del cuerpo ha aumentado sensiblemente sin el correspondiente crecimiento de *masa* o de peso, su peso específico es menor que el del agua desalojada y determina su reaparición inmediata en la superficie. Pero, por numerosas circunstancias, la descomposición puede modificarse e incluso acelerarse o retardarse por una serie de agentes, como, por ejemplo, el calor o el frío de la estación, por la impregnación mineral o por la pureza del agua, por su mayor o menor profundidad, por la corriente o estancamiento más o menos sensible y por la naturaleza y estado original del cuerpo, según estuviera libre de una enfermedad o inficionada por ella antes de la muerte. Resulta evidente, pues, que no podemos fijar con exactitud la época en que el cuerpo deberá elevarse a consecuencia de la descomposición. En condiciones determinadas, este resultado puede producirse en una hora. En otras, no puede producirse del todo. Se conocen ciertas infusiones químicas que permiten preservar *para siempre* de la corrupción a todo el sistema animal; el bicloruro de mercurio es una de ellas. Aparte de la descomposición, puede producirse, no obstante, y se produce generalmente, un gas en el estómago por fermentación acética de las materias vegetales, o por otras razones en otras cavidades, suficiente para producir una distensión que eleve el cuerpo a la superficie. El efecto que produce un cañonazo es de simple vibración. Puede librar al cuerpo del limo o légamo pegajoso en que se encuentra sepultado, permitiéndole de esta manera elevarse cuando ya otros agentes lo hayan preparado, o bien vencer la adherencia de determinadas partes putrefactas del sistema celular, facilitando la distensión de las cavidades bajo la influencia gaseosa.

»Encontrándonos, pues, ante toda la filosofía del asunto, no es posible comprobar las afirmaciones de *L'Etoile.* "La experiencia demuestra —dice este periódico— que los cuerpos ahogados o arrojados inmediatamente al agua después de una muerte violenta necesitan de seis a diez días para que una determinada descomposición los eleve a la superficie. Un cadáver al que se hiciera reventar, y que asciende antes que la inmersión haya durado, cuando menos, cinco o seis días, se sumerge de nuevo si se le abandona a sí mismo".

»Ahora, todo lo transcrito se nos aparece como una serie de inconsecuencias e incoherencias. La experiencia *no* demuestra siempre que los cuerpos de los ahogados *necesiten* cinco o seis días para que una determinada descomposición les permita flotar otra vez.

Juntas, la ciencia y la experiencia demuestran que el momento de su reaparición sobre la superficie es, y necesariamente debe serlo, imposible de ser determinado. Por otra parte, si un cuerpo asciende a la superficie del agua por haber reventado, *no* se sumergirá de nuevo, aun cuando se le abandone a sí mismo, todas las veces en que la descomposición haya alcanzado el grado necesario para permitir el escape de los gases que se produzcan. Sin embargo, quiero llamar su atención con respecto a la distinción establecida entre los cuerpos de los ahogados y los de las personas que son arrojadas al agua "inmediatamente después de una muerte violenta". Aunque el redactor admita esta distinción, incluye, sin embargo, ambos casos en la misma categoría. He demostrado ya cómo el cuerpo de un hombre que se ahoga alcanza un peso específico más considerable que el del volumen de agua que desaloja, y también he probado que no se sumergiría completamente sin los movimientos por los cuales saca por encima del agua los brazos y los esfuerzos que para respirar hace debajo de ella, los cuales hacen que el líquido ocupe el espacio que en los pulmones se llena de aire.

»Sin embargo, estos movimientos y esfuerzos no los efectuaría un cuerpo que hubiese sido arrojado al agua "inmediatamente después de una muerte violenta". En último caso, *la regla general es que el cuerpo no debe hundirse completamente,* hecho que *L'Etoile* ignora con toda evidencia. Cuando la descomposición ha llegado a un punto muy avanzado, cuando la carne se ha desprendido en gran cantidad de los huesos, entonces, únicamente, y *nunca antes,* vemos que desaparece el cuerpo bajo el agua.

»Ahora bien: ¿qué pensamos de ese razonamiento por el que el cadáver hallado no puede ser el de Marie Rogêt porque se encontró flotando después de un intervalo tan sólo de tres días? Si Marie se ahogó, siendo mujer, no pudo hundirse; y si se sumergió, pudo reaparecer al cabo de veinticuatro horas, o antes. Pero no supone nadie que la joven haya muerto ahogada, y de haber sido muerta antes de haber sido arrojada al río, habría flotado y hubiese podido ser descubierta en cualquier época posterior.

»Pero afirma *L'Etoile:* "Si el cuerpo, en estado de descomposición, permaneció junto a la orilla hasta la noche del martes, encontraríase allí alguna huella de los asesinos".

»De pronto, es muy difícil comprender la intención del periodista. Pretende prevenir lo que cree pueda ser objeción a su teoría; es decir, que el cuerpo, habiendo permanecido dos días en la orilla, debió descomponerse rápidamente, *más* rápidamente que habiendo estado sumergido en el agua. Supone, en este caso, que el cuerpo *pudo* reaparecer en la superficie el miércoles, pero *sólo* en estas condiciones. Tiene, pues, un gran interés en demostrar que el cuerpo *no* ha permanecido en la orilla, porque, en este caso, "encontraríase allí alguna huella de los asesinos". Me parece que este *sequitur* le hará sonreír a usted. Usted no puede comprender, ni yo tampoco, cómo la *permanencia* más o menos larga del cuerpo en la orilla habría podido *multiplicar las huellas* de los asesinos.

»El periódico continúa: "Por último, es demasiado improbable que los criminales que cometen un asesinato como el que se les atribuye hayan arrojado al agua el cuerpo sin un peso cualquiera que lo mantuviese sumergido, cuando tan fácil era tomar una precaución semejante".

»Fíjese usted en qué irrisoria confusión de ideas incurre. Nadie, ni aun *L'Etoile,* niega que se haya cometido un crimen *en el cuerpo encontrado.* Las señales de violencia son demasiado evidentes. El único fin que persigue nuestro razonador es tan sólo el de demostrar que éste no es el cuerpo de Marie. Intenta probar que *Marie* no ha sido asesinada, pero no, en cambio, que el cadáver pertenezca a una mujer no asesinada. No obstante, su observación demuestra tan sólo este último extremo. Nos hallamos ante un cuerpo al que no ha sido atado peso alguno. Los asesinos, al arrojarla al agua, no habrían dejado de hacerlo. Luego no han sido los criminales los que lo han arrojado al río. Si es que puede probarse, esto es lo único probado. Por lo que respecta a la identificación, todavía no se ha tratado de ella, y a *L'Etoile* le parece muy molesto contradecir ahora lo que admitía un momento antes: "Nos hallamos perfectamente convencidos —dice— de que el cadáver encontrado es el de una mujer asesinada".

»Aun en esta parte de su tema, no es sólo este caso en el que nuestro razonador argumenta, sin darse cuenta de ello, contra sí mismo. Como ya he dicho, su principal objeto es el de reducir todo lo posible el espacio de tiempo transcurrido entre la desaparición de Marie y el hallazgo del cadáver. No obstante, *insiste* en el pormenor de que nadie vio a la joven desde el momento en que abandonó la casa de su madre. "No tenemos —dice— la evidencia de que Marie Rôget viviera aún el domingo día 22 de junio, después de las nueve de la mañana".

»Como, evidentemente, es recusable su razonamiento, haber sido concebido *ex parte,* mejor habría hecho abandonando este aspecto de la cuestión, porque si se encontraba a alguien que hubiese visto a Marie, ya el lunes o el martes, el intervalo a que se refiere sería muy corto, y, dado su modo de razonar, disminuiría la posibilidad de que el cuerpo pudiera corresponder al de la *grisette.* No obstante, es divertido observar cómo *L'Etoile* insiste en el extremo ya dicho, con la sólida convicción de que va a robustecer sus argumentaciones generales.

»Examinemos ahora de nuevo la parte de la argumentación correspondiente a la identificación del cadáver efectuada por Beauvais. Por lo que se refiere al *vello* del brazo, *L'Etoile* evidencia claramente su mala fe. Sólo siendo un imbécil, monsieur Beauvais hubiera podido alegar lo del *vello del brazo* para comprobar la identidad de un cuerpo. Ningún brazo *carece* de vello. La *mayor parte* de las expresiones de *L'Etoile* son una sencilla confusión de las frases del testigo, quien, necesariamente, ha debido de hablar de alguna *particularidad* del vello: de la coloración, cantidad, dimensión o sitio.

»Dice el periódico: "Su pie era pequeño, y hay miles de pies pequeños. La liga y el zapato no constituyen tampoco elementos de prueba, porque ambos se venden en gran número. Lo mismo puede decirse de las flores de su sombrero. Un hecho en el que monsieur Beauvais insiste grandemente es que el broche de la liga había sido cambiado de sitio para cortarla. Pero esto no prueba nada, porque la mayor parte de las mujeres llevan consigo siempre un par de ligas que ajustan al tamaño de sus piernas, en lugar de probárselas en la tienda donde las compran".

»Al llegar aquí, resulta muy difícil suponer con sentido común al razonador. Si monsieur Beauvais, buscando el cuerpo de Marie, descubrió un cadáver que se parecía a ella por las proporciones generales y el aspecto, ha podido creer con toda razón, aun prescindiendo de la cuestión del traje, que había llegado al término de sus investigaciones. Y si, además del detalle de las proporciones generales y de contorno, halló en el brazo del cadáver un vello observado ya en el de Marie, su convencimiento pudo, lógicamente, reforzarse en proporción con la particularidad o carácter insólito de esta característica. Si el pie de Marie era pequeño y los del cadáver eran pequeños igualmente, la probabilidad de que éste fuera el de Marie debe aumentar no simplemente en proporción geométrica y acumulativa.

»A todo esto añádanse los zapatos, que se vio llevaba el día en que desapareció; a pesar de que los zapatos se venden a miles, se dará usted cuenta de que la probabilidad aumenta de tal modo, que raya en certidumbre. Lo que por sí solo no habría de constituir un elemento de identificación, se convierte ahora, por suposición aseguradora, en la prueba más firme. Por último, concedamos que las flores del sombrero correspondían a las que llevaba la joven desaparecida, y nada más tendremos que desear. *Una sola* de estas flores, repito, y nada más tendríamos que desear. Sin embargo, ¿qué diríamos entonces si tuviéramos dos, o tres, o más? Cada sucesiva unidad es el testimonio múltiple, una prueba no *sumada* a la anterior, sino *multiplicada* por ciento o por mil.

»Descubrimos ahora en la muerta unas ligas semejantes a las que usaba la viva. El continuar esta información, realmente, es para enloquecer. Pero nos hallamos con que estas ligas se han cortado por haber cambiado el broche de sitio, lo mismo que Marie había hecho con las suyas antes de abandonar su casa. Dudar aún es demencia o hipocresía. Cuanto dice *L'Etoile* con respecto a la reducción o achicamiento de la liga, que debe considerarse, según creo, como un caso frecuente, no prueba otra cosa que su obstinación en el error. La elasticidad de una liga de broche es suficiente para demostrar el carácter *excepcional* del achicamiento. En muy raras ocasiones lo que está hecho para ajustar bien necesita un arreglo. La indicada reducción que requirieron las ligas de Marie sólo pudo ser debida, en el sentido más estricto de la palabra, a un accidente. Sólo ellas habrían bastado para comprobar la identificación de un cadáver.

»Pero lo importante no es que el cadáver tenga las ligas de la mujer desaparecida, o bien sus zapatos, o su sombrero, o las flores de éste, o sus pies, o una señal particular en el brazo, o su aspecto, o sus proporciones generales. Lo importante es que el cadáver tiene *todas* y cada una de estas cosas *colectivamente.* Si se hubiera probado que *L'Etoile* ha concebido *en realidad,* en circunstancias parecidas, una duda, no tendría para el caso que expone necesidad alguna de una convicción *de lunatico inquirendo.* Ha querido hacer alarde de su sagacidad convirtiéndose en eco de las habladurías de los leguleyos, cuya mayoría se limita, a su vez, a copiar los preceptos rectangulares de los sumarios.

»Debo advertir a usted de paso que mucho de lo que rechaza un tribunal como prueba es para la inteligencia lo mejor en materia probatoria. Porque, basándose en los principios generales en materia de pruebas —los principios generales reconocidos que se hallaban *en los códigos*—, el tribunal no se aviene a aceptar particulares razones. Tan obstinada adhesión al principio, lo determinado, desde lo riguroso hasta la excepción contradictoria, es un seguro medio de esperar, en largo espacio de tiempo, el *máximun* de verdad que está permitido esperar. La práctica, por tanto, es, *en conjunto*, filosófica. Pero no es menos cierto que en determinados casos produce grandes errores[*].

»Por lo que respecta a las insinuaciones formuladas contra Beauvais, se destruyen de un soplo. Usted conoce perfectamente el carácter de ese caballero. Es un hombre *oficioso*, de espíritu inclinado a lo novelesco y de poco juicio. Toda persona así se verá impelida fácilmente, en un caso de emoción *real*, a conducirse de un modo que pueda parecer sospechoso a los ojos de gentes demasiado sutiles o maliciosas. Monsieur Beauvais, según se deduce de las notas que hemos recogido, ha celebrado diversas entrevistas con el director de *L'Etoile*, a quien sorprendió al atreverse a indicar la idea de que, a pesar de su opinión, el cadáver era positivamente el de Marie. "Insiste —dice el periódico— en afirmar que se trata del cuerpo de Marie, pero no puede añadir circunstancia alguna a las que ya hemos comentado para hacer que los demás compartan esta creencia". Ahora bien, sin insistir sobre este particular, para hacer que los demás compartan esta creencia y suministrar una prueba más fehaciente que las conocidas, observemos

---

[*] Una teoría basada en las cualidades de un objeto no permitirá que se la desarrolle de acuerdo con sus objetivos; y aquel que organiza algo con referencia a sus causas cesará de evaluarlo de acuerdo con sus resultados. Así, la jurisprudencia de toda nación mostrará que, cuando la ley se convierte en ciencia y en sistema, cesa de ser justicia. Los errores a los que una devoción cegada por los *principios* de clasificación ha llevado al derecho consuetudinario podrán apreciarse observando cuán frecuentemente el poder legislativo se ha visto obligado a intervenir y restablecer la equidad que sus formas habían perdido (Landor).

una cosa: es fácil suponer a un hombre convencido perfectamente en un caso de esta naturaleza, pero incapaz, sin embargo, de formular una sola razón para convencer a una segunda persona.

»Nada hay tan vago como las impresiones relacionadas con la identidad de un individuo. Toda persona conoce a su vecino, y, no obstante, pocos casos se dan de que el primero que llegue esté dispuesto *a dar una razón* de tal conocimiento. El redactor de *L'Etoile* no tiene, pues, derecho a que le sorprenda la opinión no razonada de monsieur Beauvais.

»Las sospechosas circunstancias que le rodean están de acuerdo con mi hipótesis de un carácter *entrometido, minucioso y novelesco,* antes que con la insinuación del periodista con respecto a la culpabilidad. Admitiendo la interpretación más amable, no tenemos inconveniente alguno en explicarnos el porqué de la rosa colocada en el agujero de la cerradura, la palabra "Marie" en la pizarra, el porqué de descartar a los parientes varones, la oposición a dejarles ver el cadáver, la recomendación que se hizo a madame B*** de que no hablara con el *gendarme* hasta que él (Beauvais) volviera, y finalmente, hasta la aparente resolución de no permitir a nadie, excepto a él mismo, intervenir en el sumario. Creo incontestable que Beauvais era uno de los adoradores de Marie; que ésta había coqueteado con él y que él aspiraba a demostrar que gozaba completamente de su intimidad y su confianza. No diré nada más sobre este particular. Y como la evidencia rechaza por completo la afirmación de *L'Etoile* por lo que respecta a su acusación de *apatía* con relación a la madre y los demás parientes, actitud inconcebible con esta suposición —la de creer en la identidad del cuerpo de la perfumista—, procedamos ahora como si el problema de la identidad hubiera sido resuelto a nuestra más completa satisfacción.

—¿Qué opina usted —le pregunté entonces— de las opiniones de *Le Commerciel*?

—Que, por su carácter, son más dignas de atención que cualquiera de las que han sido expuestas sobre el mismo asunto. Las deducciones de las premisas son filosóficas y sutiles, pero en dos puntos, por lo menos, se basan en una imperfecta observación. *Le Commerciel* quiere dar a entender que una banda de cobardes forajidos se apoderó de Marie, no lejos de la puerta de la casa donde vivía su madre. "No es posible —dice— que una joven, conocida por varios millares de personas como era Marie, haya podido recorrer tan largo trayecto sin hallar a alguien para quien su rostro fuera familiar". Ésta es la reflexión de un hombre que vive en París hace mucho tiempo, un hombre público, cuyas idas y venidas por la ciudad casi siempre se han reducido a la vecindad de las oficinas públicas. Sabe perfectamente que *él* apenas puede dar una docena de pasos más allá de su *bureau* sin que alguien le conozca y le aborde.

»Midiendo la extensión del conocimiento que mantiene con los demás, y de éstos con él, compara su popularidad con la de la perfumista. No encuentra una diferencia notable entre las dos, y fácilmente llega a la conclusión de que Marie, en sus paseos por la ciudad, tuviese tal predisposición a ser reconocida como a él le ocurre en lo suyo. Para ella no podría ser tan legítima esta conclusión si sus paseos hubieran tenido el mismo carácter invariable y metódico, y se limitaran a una determinada región, como ocurre con los de él. Con intervalos regulares, él se mueve yendo y viniendo por una zona limitada, llena de individuos a quienes sus ocupaciones, semejantes a la suya, impulsan de un modo natural a interesarse por él y observar su persona.

»En general, los paseos de Marie podían atribuirse a una naturaleza vagabunda. En el caso que nos ocupa, hay que considerar como muy posible que haya seguido un trayecto más distanciado que de costumbre de sus caminos corrientes. El paralelo que hemos supuesto existe en el espíritu de *Le Commerciel* no podría mantenerse, excepto en el caso de dos individuos que atravesasen toda la población. Considerando entonces que las relaciones personales son las mismas, las probabilidades serían también idénticas para aquellos que encuentran un igual número de conocidos. Opino, por mi parte, que es no solamente probable, sino infinitamente probable, que, a cualquier hora del día, Marie ha seguido cualquiera de los numerosos caminos que conducen desde su casa a la de su tía, sin hallar ni un solo individuo de quien fuese conocida. Para juzgar bien este asunto, para juzgarlo con toda claridad, no es muy preciso pensar en la gran desproporción que existe entre las amistades personales del individuo más conocido de París y el vecindario todo de esta ciudad.

»Pero si la insinuación de *Le Commerciel* pareciera conservar alguna fuerza todavía, ésta disminuiría en cuanto tomásemos en consideración *la hora* en que la joven abandonó su casa. "Salió de su casa —dice *Le Commerciel*— precisamente a una hora en que las calles se hallan muy concurridas". ¿Cómo? Eran las nueve de la mañana. A esta hora, todos los días de la semana, *excepto el domingo,* las calles, es cierto, están muy concurridas. Pero a las nueve de la mañana del domingo, nadie, por lo general, ha salido todavía de su casa, porque *se prepara para ir a la iglesia.* Muy poco observador habrá de ser el hombre que no haya advertido el solitario aspecto que ofrece una población todos los domingos de ocho a diez de la mañana. De diez a once, las calles están llenas de gente, pero nunca a una hora tan temprana como la que se ha dicho.

»Además, otro extremo parece desmentir el espíritu *observador* de *Le Commerciel.* Dice: "Un trozo de las enaguas de la desventurada joven, de sesenta centímetros de largo por treinta de ancho, fue arrancado y ceñido en torno a su cuello y anudado sobre la nuca, probablemente con objeto de ahogar sus gritos, hecho realizado, sin duda, por unos forajidos que ni siquiera tendrían pañuelos de bolsillo". Más tarde observaremos si esta idea carece o no de fundamento; pero con las palabras "forajidos que no tienen pañuelos de bolsillo", alude el periodista a la peor clase de malhechores. No obstante, esta clase es la que siempre lleva pañuelo de bolsillo, aun cuando le falte la camisa. En estos últimos años usted habrá tenido ocasión de observar cuán indispensable se ha hecho el pañuelo de bolsillo para el perfecto salteador.

—Y acerca del artículo de *Le Soleil*, ¿qué debemos pensar? —le pregunté.

—Que es una verdadera lástima que su redactor no sea un loro, porque hubiera sido el más ilustre de su especie. Sencillamente, ha repetido distintos fragmentos de las opiniones individuales ya conocidas, espigando, con loable industria, en los periódicos. «*Evidentemente* —dice— estos objetos han permanecido... *No cabe duda* de que se ha descubierto, por fin, el teatro de tan abominable crimen». Los hechos, anunciados de nuevo por *Le Soleil*, no bastan, ni mucho menos, para desvanecer mis dudas personales sobre este asunto. Habremos de examinarlos más particularmente, relacionándolos con otro aspecto de la cuestión.

»Vamos a ocuparnos ahora de otras investigaciones. En el examen del cadáver no ha dejado usted de advertir una gran negligencia. El extremo de la identificación no cabe duda de que ha sido resuelto fácilmente o ha debido serlo, cuando menos. Pero hay que aclarar otros puntos. ¿Fue el cuerpo de cualquier modo *despojado*? ¿Llevaba la muerta algunos adornos de bisutería cuando abandonó su casa? Y de llevarlos, ¿fueron encontrados junto al cadáver? Estos importantes pormenores han sido omitidos absolutamente en la información judicial, y también existen otros de igual trascendencia, que para nada han llamado la atención. Intentaremos convencernos investigándolos personalmente.

»La causa de Saint-Eustache, evidentemente, ha de ser examinada de nuevo. No tengo sospecha alguna contra este individuo; pero procedamos metódicamente. Con toda escrupulosidad comprobaremos la validez de las *declaraciones* referentes a los lugares donde fue visto el domingo. Muchas veces esta clase de testimonios escritos son un medio de mixtificación. Si nada encontramos en ellos que rectificar, prescindamos de Saint-Eustache. Aunque su suicidio contribuya a corroborar las sospechas, en el caso en que se hallara una superchería en las declaraciones, si no hay superchería no es una circunstancia inexplicable o que haya de desviarnos de la línea del análisis ordinario.

»En el plan que le propongo a usted ahora, prescindamos de los ocultos móviles del drama y concentremos nuestra atención en su forma aparente. En las investigaciones como éstas se comete muy a menudo el error de limitar el sumario a los hechos inmediatos, prescindiendo totalmente de los superficiales. La deplorable rutina de los procedimientos limita el proceso y la discusión en el dominio del relativo aparente. No obstante, la experiencia ha demostrado, y lo probará siempre la verdadera filosofía, que una parte muy importante de la verdad, tal vez la mayor, surge de elementos en apariencia no relacionados con el asunto. Precisamente por el espíritu, ya que no por la letra, de este principio, la ciencia moderna ha llegado *a tener en cuenta lo imprevisto*. Pero tal vez no me comprenda usted. La Historia, ciencia humana, nos muestra de modo tan continuo que los más numerosos e importantes descubrimientos los debemos a los hechos superficiales, fortuitos o accidentales, que ha concluido por hacerse necesario en todo cálculo del progreso futuro conceder un espacio no sólo muy amplio, sino lo mayor posible, a las invenciones que resultarán del azar y que escapan por completo a las previsiones corrientes. Ha dejado ya de ser filosófico el sistema de apoyar en lo que ha sido una visión lo que debe ser. El *accidente* ha de admitirse como una parte fundamental. Del azar hacemos materia para un cálculo riguroso. Lo inconcebible y lo inesperado lo sometemos a las *formulae* matemáticas de las escuelas.

»Repito que es un hecho positivo el que la *mayor* parte de la verdad nace de lo superficial, de lo indirecto; y, apoyándose sencillamente en el principio que implica este hecho, quisiera en el presente caso desviar el sumario del camino trillado y estéril del suceso mismo y llevarlo hacia las circunstancias contemporáneas de que se encuentra rodeado. En tanto usted comprueba la validez de las declaraciones, examinaré yo los periódicos de un modo más general que el que usted ha verificado. Nos hemos limitado hasta ahora a reconocer el campo de la investigación; pero realmente sería raro que un comprensivo examen de los diarios, tal como me propongo efectuar, no aportase algunos pormenores que imprimieran al sumario una nueva *dirección*.

De acuerdo con la idea de Dupin, me puse a comprobar escrupulosamente las declaraciones. El resultado de este examen fue la firme convicción de su validez, y, por tanto, de la inocencia de Saint-Eustache. Mi amigo se consagraba al mismo tiempo a examinar escrupulosamente, con una minuciosidad que me parecía enteramente superflua, las colecciones de distintos periódicos. Una semana después pudo ofrecerme los siguientes recortes:

«Hace aproximadamente tres años y medio se produjo una emoción semejante a consecuencia de la desaparición de la misma Marie Rogêt de la *parfumerie* que monsieur Le Blanc posee en el Palais Royal. Sin embargo, al cabo de una semana, reapareció en su acostumbrado *comptoir*, con su habitual aspecto, si se exceptúa una leve palidez que casi nunca tenía. Tanto su madre como monsieur Le Blanc declararon que había ido al campo a visitar a una amiga, y el suceso no tardó en ser olvidado. Creemos que su actual ausencia es una travesura del mismo carácter, y que dentro de una semana o de un mes la veremos de nuevo entre nosotros».

Evening Paper, lunes 23 de junio[*]

«Cierto diario de la tarde recuerda en su número de ayer la primera misteriosa desaparición de mademoiselle Rogêt. Se ha sabido que durante su ausencia de una semana de la

---

[*] *New York Express.*

parfumerie de Le Blanc hallábase en compañía de un joven oficial de Marina, muy conocido por sus depravadas costumbres. Supónese que, con motivo de un disgusto, volvió a verla casualmente en su casa. Conocemos el nombre del Lotario en cuestión, que actualmente se halla con permiso en París. Pero, por razones fáciles de comprender, nos abstendremos de revelar su identidad.»

Le Mercure, martes 24 de junio, por la mañana[*]

«En los alrededores de esta población se cometió ayer uno de los crímenes más atroces. Un caballero, acompañado de su esposa e hija, solicitó, a la caída de la tarde, para atravesar el río, los servicios de seis jóvenes que, sin rumbo fijo, maniobraban en una lancha cerca de un ribazo del Sena. Una vez llegados a la orilla opuesta, saltaron a tierra los tres pasajeros, y se habían ya alejado de la lancha hasta perderla de vista, cuando la hija del caballero se dio cuenta de que se había olvidado de la sombrilla. Retrocedió en su busca y fue asaltada entonces por la cuadrilla de hombres, transportada al río, amordazada, maltratada vergonzosamente y abandonada, por último, en un lugar de la orilla, poco distante del lugar donde se había embarcado en la lancha con sus padres. Por el momento, los forajidos han escapado a la persecución de la Policía, pero ésta se encuentra ya sobre su pista y no tardarán en ser capturados algunos.»

Morning Paper, 25 de junio^{**}

«Se han recibido uno o dos comunicados que tienen por objeto acusar a Mennais^{***} del odioso crimen cometido recientemente. Mas como quiera que este señor, según el sumario, ha demostrado su inocencia, y como las razones de

---

* *New York Herald.*
** *New York Courier and Inquirer.*
*** Mennais fue uno de los individuos que fueron detenidos primeramente como sospechosos, pero que más tarde fue puesto en libertad por no resultar contra él cargo alguno.

quienes nos han enviado estos comunicados parecen más apasionadas que sagaces, creemos conveniente abstenernos de su publicación.»

Morning Paper, 28 de junio[*]

«Pareciendo proceder de distintos orígenes, hemos recibido varios comunicados escritos con cierta firmeza que impulsan a aceptar como hecho indudable que la desventurada Marie Rogêt fue víctima de una de las numerosas cuadrillas de facinerosos que los domingos infestan los alrededores de la población. Nuestra opinión se inclina decididamente del lado de esta hipótesis. En breve haremos lo posible por exponer a nuestros lectores algunos de estos argumentos.»

Evening Paper, martes 31 de junio[**]

«Uno de los barqueros agregados al servicio del fisco vio el lunes en el Sena una lancha vacía a merced de la corriente. Las velas, recogidas, yacían en el fondo de la barca. El barquero la remolcó hasta la oficina de navegación. Pero al día siguiente la lancha fue desamarrada y desapareció, sin que este hecho fuese advertido por ninguno de los empleados. El timón se encuentra depositado en la citada oficina de navegación.»

Le Diligence, jueves 26 de junio[***]

Leyendo estos recortes no sólo me parecieron extraños al asunto de que se trataba, sino que no podía imaginar ningún medio de coordinarlos, y esperaba obtener de Dupin una determinada explicación.

—No figura en mis cálculos —me dijo— *insistir* con respecto al primero y segundo de estos recortes. Los he

---

[*] *New York Courier and Inquirer.*
[**] *New York Evening Post.*
[***] *New York Standard.*

copiado tan sólo para demostrarle a usted la gran negligencia de la Policía, que, si he de creer al prefecto, todavía no se ha preocupado lo mínimo por el referido oficial de Marina. No obstante, sería insensato afirmar que carecemos del derecho de *suponer* cierta relación entre la primera y la segunda desapariciones de Marie. Admitamos que su primera fuga produjo una riña entre los dos amantes y el regreso de la traicionada joven. Podremos observar también un segundo *rapto* (si es que *sabemos* que se ha cometido un segundo rapto) como indicio de nuevas tentativas efectuadas por parte del traidor antes que como resultado de nuevos intentos llevados a cabo por parte de un segundo individuo. Esta segunda huida podemos considerarla más bien como reconciliación o arreglo de un antiguo *amour* que como el principio de uno nuevo.

»Pueden ocurrir dos casos: o el que se fugó una vez con Marie le propuso una nueva evasión, o bien Marie aceptó las proposiciones de otro individuo. Pero encontramos diez probabilidades contra una en favor de la primera de estas suposiciones. Permítame que antes de continuar llame su atención sobre la particularidad de que el tiempo transcurrido entre el primer rapto que se conoce y el segundo supuesto excede en muy poco de la duración ordinaria de los cruceros que efectúan nuestros buques de guerra.

»El amante, interrumpido probablemente en su primera infamia por la necesidad de hacerse a la mar enseguida, ¿aprovechó el primer momento a su regreso para renovar las criminales tentativas, no realizadas hasta entonces por completo o, cuando menos, no cumplidas en absoluto *por él*? Nada sabemos de todo esto. Dirá usted tal vez que, en el segundo caso, el rapto que hemos supuesto *no* se ha cometido. Ciertamente, no. Pero ¿no es dable afirmar que no hubiera una tentativa frustrada?

»A excepción de Saint-Eustache, y tal vez de Beauvais, nada sabemos de ningún pretendiente oficial conocido y decente, ni tampoco de que se haya hablado de ningún otro. ¿Quién es, pues, el misterioso amante de quien los parientes *(al menos la mayoría de ellos)* no han oído hablar nunca, pero que vuelve la mañana del domingo para encontrarse con Marie, cuya confianza se ha granjeado de tal manera, que ésta no vacila en reunirse con él, hasta que comienzan a descender las sombras del crepúsculo en los solitarios bosquecillos de la Barrière du Roule? ¿Quién es, repito, ese misterioso amante de quien la *mayoría* de los parientes no ha oído hablar? ¿Qué significado tienen esas extrañas palabras pronunciadas por madame Rogêt en la mañana de la desaparición de Marie: "Temo no volver a verla mas"?

»Pero si no podemos suponer que esa señora tuviese conocimiento del proyecto de fuga de su hija, ¿no podemos imaginar que ésta lo hubiera concebido? Saliendo de su casa, dio a entender que iba de visita a casa de una tía suya, a la rue des Drômes, y encargó a Saint-Eustache que la recogiera a la caída de la tarde. Claro es que, a primera vista, esta particularidad parece estar en pugna con mi opinión. Pero meditemos un poco. Sabemos que Marie volvió a encontrar positivamente a su amante, y que atravesó con él el río, y que llegó a una hora muy avanzada, cerca de las tres de la madrugada, a la Barrière du Roule. Pero, al consentir que la acompañase tal individuo, *con un deseo cualquiera, conocido o desconocido de su madre,* Marie debió pensar, sin duda alguna, en el propósito que había manifestado al salir de su casa, como también en la inquietud y recelos que habían de producirse en el ánimo de su prometido, Saint-Eustache, cuando, al ir a recogerla a la hora que habían convenido, a la rue des Drômes, viera que no había llegado aún, y, además, cuando, de regreso a la *pensión* con una noticia tan alarmante, se enterara de su prolongada ausencia de la casa. Repito que Marie debió de pensar en todo esto, teniendo en cuenta la alarma de Saint-Eustache y las sospechas de todos sus amigos. Es posible que no tuviera valor para regresar y desmentir las sospechas, aun cuando éstas, para ella, tenían poca importancia, si la suponemos con intención de *no* volver.

»Podemos imaginar que razonó de este modo: "Estoy citada con una persona para escaparme con ella, o bien para otros planes que nadie, excepto yo, conoce. Es necesario evitar toda posibilidad de ser sorprendida. Haré creer que voy de visita a casa de mi tía, y que pasaré el día a su lado en la rue des Drômes. Le diré a Saint-Eustache que no me recoja hasta la noche, y de esta manera mi ausencia de casa, prolongada todo el tiempo posible y sin provocar sospechas ni inquietudes, tendrá una explicación, y con ello ganaré más tiempo que con otro plan cualquiera. Si le encargo a Saint-Eustache que vaya a buscarme al anochecer, probablemente no se presentará antes. Pero, en cambio, si dejo de rogarle que vaya a buscarme, se acortará el tiempo de que dispongo para la fuga, puesto que a una hora más temprana esperará mi regreso y mi ausencia despertará antes su inquietud. Por tanto, si él pudiera comprender mi intención de regresar y no tuviera yo más perspectiva que un sencillo paseo con la persona en cuestión, no sería oportuno suplicar a Saint-Eustache que fuese a buscarme, porque al llegar comprendería que me había burlado de él, hecho este que podría ocultarle para siempre marchándome de casa sin darle cuenta de mi propósito, volviendo antes que llegara la noche y diciendo entonces que había ido a ver a mi tía, a la rue des Drômes. Pero como mi plan es el de no volver *nunca*, o, cuando menos, hasta después de algunas semanas, o bien hasta que haya logrado ocultar determinadas cosas, lo único, pues, que debe preocuparme es la necesidad de ganar tiempo".

»Desde el primer momento habrá usted observado en sus apuntes que la opinión general con respecto a este desdichado suceso es la de que Marie fue víctima de *una banda* de desalmados. En determinados casos, la opinión popular debe ser tenida en cuenta, porque cuando se manifiesta de una forma esencialmente espontánea hay que considerarla como un fenómeno semejante a la *intuición*, que es la idiosincrasia del hombre de talento. De cien casos, en noventa y nueve me inclinaría a favor de sus juicios. Pero es muy importante el hecho de que no encontremos huellas palpables de una *sugestión* exterior. La opinión, por tanto, debe ser rigurosamente el pensamiento *personal del público,* y a menudo es muy difícil establecer esta distinción y mantenerla. En el presente caso supongo que esta opinión pública con respecto a *una partida* de desalmados ha sido inspirada por el suceso paralelo y secundario de que se da cuenta en el tercero de mis recortes.

»Todo París está intrigado con el hallazgo del cadáver de Marie, una joven conocida y bella. El cuerpo ha sido encontrado flotando en el río y con señales de violencia. Se ha averiguado ahora que, en la misma época en que se supone fue asesinada la perfumista, una cuadrilla de jóvenes rufianes cometió un atentado análogo al sufrido por ella, aunque no de tanta importancia, en la persona de otra joven. ¿Sorprenderá, acaso, que el primer suceso conocido inspirase el juicio popular con respecto al segundo, todavía por conocer? Este juicio esperaba una dirección, y el atentado que se conocía la indicaba con mucha oportunidad. También Marie fue encontrada en el río, en el mismo río donde se cometió el atentado conocido. La relación de estos dos acontecimientos tenía en sí algo tan evidente, que hubiera sido un milagro que el pueblo *olvidara* advertirlo y consignarlo. Mas, concretamente, uno de los dos atentados, conocido por la forma en que fue realizado, es indicio de que el otro, cometido en una época que casi coincide, *no* se realizó del mismo modo. Realmente, ha de considerarse como un milagro que mientras una cuadrilla de desalmados cometía en un determinado lugar un atentado inaudito, se hallase en la misma localidad, en la misma población y en la misma circunstancia otra cuadrilla semejante empleando los mismos medios y los mismos procedimientos, cometiendo un crimen de carácter exactamente parecido y precisamente en la misma época. ¿En qué otra cosa, téngalo usted en cuenta, podría la opinión pública, *sugestionada* accidentalmente, impulsarnos a creer que no fuera en esta maravillosa serie de coincidencias?

»Antes de ir más lejos, estudiemos el supuesto lugar de los asesinos en los sotos de la Barrière du Roule. El bosquecillo, muy tupido, hállase, es cierto, a regular distancia de una carretera pública. Se ha dicho que dentro de él existen tres o cuatro anchas piedras, que forman una especie de asiento con respaldo. En la piedra superior se han encontrado unas enaguas, y en la segunda, un chal de seda. Se ha hallado también una sombrilla, unos guantes y un pañuelo de bolsillo, que tenía bordado el nombre de "Marie Rogêt". Entre las zarzas de los alrededores se han encontrado prendidos algunos jirones del vestido. La tierra estaba removida, aplastados los matorrales, y veíase en todo huellas de una lucha violenta.

»A pesar del júbilo con que la prensa acogió el descubrimiento de este lugar y de la unanimidad con que se supuso fuera el teatro del crimen, hay que admitir que existe más de una justificada razón para dudarlo. Puedo o no creer que ése *sea* el teatro, pero insisto en que hay excelentes razones para dudarlo. Si el *verdadero* teatro se hallase, como indica *Le Commerciel*, en las cercanías de la rue Pavée Saint-André, los autores del crimen, que suponemos se encuentran todavía en París, habrían recelado, naturalmente, de la opinión pública, dirigida tan vivamente sobre la verdadera pista. Todo espíritu nada vulgar hubiese experimentado la inmediata necesidad de llevar a cabo una tentativa cualquiera para distraer esa atención. Como el sotillo de la Barrière du Roule había ya despertado sospechas, pudo lógicamente inspirar la idea de que se abandonaran allí los objetos de que se trata.

»Diga lo que diga *Le Soleil*, no existe prueba real de que tales objetos hayan permanecido en aquel paraje más de un escaso número de días, mientras que es más que admisible que no hubieran podido encontrarse allí sin despertar la atención, durante los veinte días transcurridos entre el trágico domingo y la tarde en que unos muchachos los encontraron. "Se hallaban completamente *enmohecidos* por la acción de la lluvia", dice *Le Soleil,* deduciendo esta opinión de los periódicos que hablaron antes, "y apelmazados por la *humedad.* El césped había crecido en torno a ellos y los cubría en parte. La seda de la sombrilla era sólida, pero las varillas estaban cerradas y la parte superior de la tela había sufrido los rigores de la *humedad,* de tal modo que, al abrirla, la sombrilla se rasgó". Por lo que respecta al hecho de que el césped "había crecido en torno a los objetos, hasta cubrirlos en parte", es evidente que no pudo comprobarse sino por las declaraciones de los dos niños, hechas de acuerdo con lo que recordaban, porque los recogieron y los llevaron a la casa antes de ser vistos por una tercera persona. Pero el césped, sobre todo bajo una temperatura cálida y húmeda, como la de la época del asesinato, crece hasta una altura de dos o tres pulgadas en un solo día.

»Una sombrilla abandonada en un lugar cubierto de césped puede, en sólo una semana, desaparecer bajo la hierba, que ha crecido con rapidez. Por lo que respecta al *enmohecimiento,* sobre el que con tanta obstinación insiste el director de *Le Soleil,* puesto que emplea esta palabra por lo menos tres veces en el breve párrafo transcrito, ¿es que realmente ignora la naturaleza de tal *enmohecimiento?* ¿Necesitará saber tal vez que es una de las numerosas variedades de *fungus,* cuya característica más conocida es la de crecer y morir en veinticuatro horas?

»Así, a primera vista, observamos que lo que tan aparatosamente se ha alegado para mantener la idea de que los objetos permanecieron en el bosque "durante tres o cuatro semanas", cuando menos, es completamente nulo, si es que hemos de considerarlo como elemento de prueba. Por otra parte, es muy difícil creer que tales objetos hayan podido continuar en aquel lugar durante más de una semana, durante un intervalo mayor que el que existe de domingo a domingo. Cuantos conocen medianamente los alrededores de París saben cuán difícil es hallar en ellos un refugio *solitario*. No es posible imaginar un rincón inexplorado o visitado raramente en estos bosques y sotillos. Que intente cualquier verdadero amante de la Naturaleza, condenado por sus obligaciones al polvo y al calor de esta gran metrópoli, saciar su sed de soledad, aun durante los días laborables, entre estas bellezas naturales y campestres que nos rodean. Antes que haya podido dar un par de pasos romperá el naciente encantamiento la voz o irrupción personal de algún chiquillo o de una banda de pilluelos borrachos. Buscará inútilmente el silencio bajo las más espesas frondas.

»En estos lugares es, precisamente, donde abunda la crápula, donde son más profanados los templos. Con el corazón lleno de desencanto regresará el paseante inmediatamente a París, como si volviera a una cloaca de menos grosera impureza y, por tanto, menos odiosa. Si los alrededores de la ciudad se encuentran tan infestados durante toda la semana, ¡cómo no lo estarán los domingos! Entonces es cuando, mejor que nunca, libre de las ataduras de trabajo o privado de las ocasiones corrientes favorables al delito, el pilluelo de la capital va hacia las afueras, no por amor a la naturaleza campestre, que desprecia con vehemencia, sino por huir de las trabas y convenciones sociales. No va en busca del aire puro y los árboles verdes, sino de la absoluta *libertad* del campo. En el ventorro, al borde de la carretera o a la sombra del bosque, sin que lo juzguen otras miradas distintas que las de sus dignos compañeros, se entrega a los furiosos excesos de una falsa alegría, hija de la libertad y del alcohol.

»No anticipo nada que no salte a la vista de todo imparcial observador cuando repito que el hecho de que tales objetos hubieran permanecido sin descubrirse durante un período mayor que el que media de un domingo a otro, en un bosquecillo *cualquiera* de París, deba ser considerado como si fuese un milagro.

»Pero no nos faltan motivos para sospechar que tales objetos fueron dejados en el sotillo en cuestión con

149

el propósito de desviar la atención del verdadero lugar en que se cometió el crimen. Permítame usted, antes que nada, hacerle notar la *fecha* del hallazgo. Relaciónela con la del quinto de mis recortes en la lista de periódicos que he confeccionado, y verá usted los urgentes comunicados dirigidos al diario de la tarde.

»Aunque con modificaciones, estos comunicados, procedentes, en apariencia, de distinto origen, tendían todos hacia el mismo fin: el de atraer la atención sobre *una pandilla* de forajidos, a quienes acusar como autores del atentado, y también sobre los alrededores de la Barrière du Roule como lugar en que se cometió el hecho. El que los niños encontrasen estos objetos a consecuencia de dichos comunicados, y que luego se encauzara en este sentido la opinión pública, no es, naturalmente, lo que puede sorprendernos, sino que podría suponerse legítimamente que si los niños no encontraron *antes* estos objetos es porque fueron abandonados en una época posterior: la de la fecha o una muy poco anterior a la de los comunicados, y esto fue hecho por los mismos asesinos, autores también de los comunicados de que se trata.

»Ese bosquecillo es raro, demasiado raro. Su frondosidad es insólita. En el centro de sus murallas se encuentran tres extraordinarias piedras, *que constituyen un asiento con su respaldo.* Este bosquecillo tan artístico encuéntrase en las cercanías, *a poca distancia,* de la vivienda de madame Deluc, cuyos hijos tienen costumbre de inspeccionar cuidadosamente la espesura en busca de cortezas de sasafrás. ¿Sería temerario apostar mil contra uno a que no pasaba *un día* sin que por lo menos cualquiera de esos muchachos se escondiera en ese verde salón y se creyera rey sentándose en ese trono natural? Quienes no se atrevan a apostar, o no han sido nunca niños o no conocen la naturaleza infantil. Lo repito. Es inmensamente difícil comprender cómo hubiesen logrado permanecer tales objetos en el bosquecillo más de uno o dos días sin que nadie los hubiese descubierto, existiendo, por otra parte, importantes razones para sospechar, a pesar de la dogmática ignorancia de *Le Soleil,* que fueron dejados allí en fecha relativamente tardía.

»Sin embargo, para creer que esto haya ocurrido de este modo, existen otras razones más poderosas que todas cuantas acabo de exponer. Permítame que llame ahora su atención con respecto a la colocación tan artificiosa de los objetos. En la piedra *superior* hallábanse unas enaguas; en la *segunda,* un chal de seda; en torno, esparcidos, una sombrilla, unos guantes y un pañuelo de bolsillo con el nombre de "Marie Rogêt" bordado. Esta colocación, tal como está efectuada, ha debido, *naturalmente,* idearla un espíritu poco sutil, deseoso de encontrar la que fuera *natural.* Pero no es en absoluto una disposición *realmente* natural. Más me hubiera gustado ver esos objetos diseminados *todos* por el suelo y pisoteados.

»En el breve recinto del bosquecillo casi hubiera sido imposible que las enaguas y el chal conservaran sobre las piedras su colocación, expuestos a las conmociones de una violencia entre varias personas. Se dice que "había señales de lucha; la tierra aparecía hollada y aplastados los zarzales"; pero tanto las enaguas como el chal yacían como sobre tablas. "Los jirones de ropa que colgaban de las zarzas tendrían unos siete centímetros de ancho por quince de largo. Uno de ellos pertenecía al borde del vestido, que estaba remendado. *Parecían tiras arrancadas.*" Sin darse cuenta de ello, aquí *Le Soleil* emplea una frase en extremo sospechosa. Tal como los describe, estos jirones "parecen tiras arrancadas", pero intencionadamente y por una mano. Es un accidente extrañísimo que un trozo de vestido como el del que hablamos pueda ser "arrancado" enteramente por la acción *de una espina.*

»Dada la naturaleza del tejido, una espina o clavo que se enganchara en él lo desgarraría en forma rectangular, dividiéndolo en dos rasgaduras longitudinales, formando un ángulo recto, y viéndose el sitio por donde se clavó la espina. Pero es casi imposible de com-

151

prender que el pedazo se "arrancara" completamente. Yo no he visto nunca eso, y supongo que usted tampoco. Para arrancar así un trozo de tela es necesario casi siempre que actúen dos fuerzas distintas en sentidos diferentes. Si la tela presenta dos bordes, un pañuelo por ejemplo, y quiere arrancarse una tira, entonces bastará solamente una fuerza única. Pero en el caso del que se trata, se habla de un traje que no ofrece sino un solo lado, y arrancar un pedazo de en medio, que no presenta lado alguno, sería casi milagroso que pudiesen hacerlo varias espinas, y menos aún *una sola*. Pero incluso cuando la tela presenta un borde será necesario que actúen dos espinas, una en dos direcciones distintas y la otra en una sola, y, a pesar de todo, es necesario suponer que no está ribeteado el borde, porque entonces esto resultaría imposible.

»Ya hemos visto cuán grandes y numerosos obstáculos impiden que la sencilla acción de las espinas provoquen los jirones. No obstante, se nos invita a suponer que no sólo un trozo de tela, sino varios, han sido arrancados de este modo. ¡Y uno de ellos *era el borde del vestido*! El otro, *una parte de la falda, pero no el ribete;* es decir, había sido arrancado por completo por la acción de las espinas, precisamente de la mitad y no del borde de la falda. Digo que estas cosas, plausiblemente, no pueden ser creídas. No obstante, si las consideramos en conjunto, constituyen un motivo menos de evidente sospecha que la única circunstancia, tan sorprendente, de que los *asesinos* hubieran podido abandonar tales objetos en el bosque, teniendo, como tuvieron, la precaución de llevarse el cadáver.

»A pesar de todo, usted no habrá comprendido por completo mi idea, y cree que mi deseo es el de *negar* que el bosque haya sido el lugar del crimen. Es *posible* que en él ocurriera algo grave; pero parece más verosímil aceptar que la desgracia haya ocurrido precisamente en casa de madame Deluc. Pero, en definitiva, ésta es una particularidad de secundaria importancia. Nos hemos propuesto descubrir a los autores del crimen y no el lugar en que se cometió. A pesar de su minuciosidad, todos los argumentos que he aportado tienden únicamente a demostrar a usted lo insensato de las afirmaciones tan impetuosas y rotundas de *Le Soleil*, y, como inmediata consecuencia, llevarle, por el camino más lógico, a otro: a estudiar si el asesinato ha sido o no obra de *una banda.*

»Aludiendo sencillamente a los raros pormenores que dio el cirujano al declarar en el sumario, yo impugnaría este extremo. Me bastará decir que sus *conclusiones,* por lo que respecta al número de los supuestos malhechores, han sido ridiculizadas por completo, dada su falsedad y por estar desprovistas completamente de fundamento, según todos los anatomistas más prestigiosos de París. No aseguro que materialmente el hecho *no haya podido ocurrir* como él dice, pero no encuentro suficientes razones para su conclusión. ¿No existían muchas más para sustentar otra teoría?

»Reflexionemos ahora con respecto a las huellas de la lucha. Preguntémonos qué es lo que se pretende demostrar con ello. ¿La presencia de una banda? ¿Acaso no prueban mucho mejor aún la ausencia de una banda? ¿Qué clase de *lucha* lo bastante violenta, lo suficientemente prolongada, para dejar huellas en todas direcciones, hemos de suponer entre una débil joven indefensa y *la banda* de forajidos a que se alude? Unos brazos vigorosos, oprimiéndola en silencio, hubiesen bastado para que la víctima quedara absolutamente indefensa, pasiva y a su discreción. Advertirá usted que nuestras razones contra el bosquecillo, supuesto como lugar del suceso, no se dirigen principalmente sino como al lugar de un atentado cometido *por más de un individuo.* Si, en cambio, aceptamos la hipótesis de un hombre *solo,* intentando una violación, entonces, y solamente entonces, cabría admitir una lucha de carácter violento y obstinado para dejar tan visibles "huellas". Además, hemos indicado ya las sospechas que resultan del hecho de que los objetos reseñados antes hubiesen podido permanecer en el bosquecillo donde fueron hallados.

»Casi parece imposible que estas pruebas del crimen se abandonaran por accidente en el sitio donde fueron descubiertas. El asesino tuvo bastante presencia de ánimo, y se ha supuesto así, para llevarse el cadáver, y, no obstante, una prueba concluyente, más aún que el cadáver mismo, cuyas facciones pudieron alterarse con rapidez a consecuencia de la descomposición, queda expuesta descaradamente en el teatro del crimen. Me refiero al pañuelo de bolsillo con el *nombre* de la difunta. Si ello es un accidente, éste es debido *a una banda*. Nos lo podemos explicar tan sólo como obra de un individuo. Veamos cómo: un individuo es quien ha cometido el asesinato. Solo, con el espectro de la difunta, se encuentra aterrorizado ante el cadáver inmóvil. Se ha extinguido el furor de su pasión, y ahora, en su ánimo, comienza a alentar el natural horror del crimen cometido. Su espíritu carece de esa confianza que inevitablemente inspira la presencia de varios cómplices. El asesino está *solo* con la muerta. Tiembla horrorizado. Sin embargo, es preciso ocultar el cadáver en algún lugar. Lo lleva al río; pero tras de sí deja las huellas del crimen; y como le es difícil, ya que no imposible, transportarlo todo de una vez, podrá regresar luego para recoger lo que no ha podido llevar consigo. Pero en su trabajoso viaje al río, los temores que le asaltaban aumentan. Rodean su camino rumores de vida. Una docena de veces oye, o le parece oír, los pasos de alguien que le espía. Le aterran incluso las luces de la ciudad. Por último, tras largas y frecuentes pausas, llenas de infinita angustia, llega al borde del río, y, tal vez valiéndose de una barca, se libera de su siniestro fardo. Pero *ahora*, ¿qué tesoro del mundo, qué amenaza de castigo tendría suficiente poder para obligar a este criminal solitario a que regresara, a través de su peligroso y abrumador camino, hacia el terrible bosque poblado desde ese instante de lúgubres recuerdos? *No* vuelve, y deja que sigan su curso los acontecimientos. No *puede* regresar, como quisiera. Su única idea es la de huir con toda rapidez. Abandona *para siempre* la amedrentadora espesura y escapa como si le amenazara la cólera del Cielo.

»Pero ¿y si aceptáramos la hipótesis de una banda de asesinos? El ser varios les hubiera inspirado audacia, en el caso de que sea verdad que la audacia pudo faltar alguna vez del corazón de un miserable empedernido, y se supone que *la banda* está compuesta por miserables empedernidos. Como digo, su número les habría evitado el terror irracional y la turbación que de acuerdo con mi hipótesis acometió al solitario individuo. Si usted quiere, podemos admitir la posibilidad de una ligereza en uno, dos o tres de estos individuos. El cuarto hubiera tenido en cuenta el descuido. Nada hubiesen podido dejar tras de sí, porque el ser varios les permitía llevárselo *todo* de una misma vez, sin que tuvieran necesidad de *volver*.

»Fíjese usted ahora en la particularidad de que en la falda del cadáver descubierto se había desgarrado una tira de arriba abajo, como de treinta centímetros de ancho, y desde el borde de la cintura, pero que esta tira no había sido arrancada, sino que daba tres vueltas alrededor del talle y se ceñía a la espalda por una especie de nudo. Esto fue hecho con el evidente propósito de conseguir *un asidero* que permitiese el traslado del cadáver. En este caso, ¿una banda de forajidos hubiese tenido que recurrir a tal extremo?

»Tratándose de tres o cuatro hombres, las mismas extremidades de la víctima hubieran facilitado los medios de traslado, no sólo suficientes, sino que, además, hubieran sido cómodos. Se trata, pues, de la intervención de un solo individuo, y esto nos lleva a considerar el siguiente hecho: entre el sotillo y el río se ha descubierto que las empalizadas hallábanse caídas y que la tierra conservaba huellas, como si se hubiera arrastrado por ella un objeto pesado. ¿Acaso una banda se habría molestado en derribar una empalizada y arrastrar sobre ella un cadáver, cuando *levantándolo* podía hacerlo pasar fácilmente por encima? ¿Una banda de criminales no hubiese evitado *arras-*

trar un cadáver, a no ser que hubiera querido dejar un *evidente rastro*?

»Una vez llegados a este punto, hemos de volver a una observación de *Le Commerciel,* en la que ya antes me había fijado. Este periódico dice: "Un trozo de las enaguas de la desventurada joven, de sesenta centímetros de largo por treinta de ancho, fue arrancado y ceñido en torno a su cuello y anudado sobre la nuca, probablemente con objeto de ahogar sus gritos, hecho realizado, sin duda, por unos forajidos que ni siquiera tendrían pañuelos de bolsillo".

»He indicado ya que el verdadero granuja no deja de llevar nunca pañuelo de bolsillo, pero no me propongo llamar su atención con respecto a esta particularidad. No es por falta de pañuelo, ni aun para el fin que ha supuesto *Le Commerciel,* para lo que fue empleado aquel jirón. Lo prueba el pañuelo que se abandonó en el bosquecillo, y lo que demuestra que no existió la intención de impedir los gritos es que esa tira se ha empleado preferentemente en lo que habría dado mejores resultados para el fin propuesto. Ahora bien: el sumario, al hablar de ella, dice "que se encontró ceñida a su cuello, adaptada de un modo muy flojo y sujeta por un apretado nudo". Hasta estos términos son vagos, pero difieren esencialmente de los de *Le Commerciel.* La tira era de unos cuarenta y cinco centímetros de ancho, y, plegada y enrollada en sentido longitudinal, debía formar una especie de cuerda bastante fuerte, aun cuando fuese de muselina.

»Mi conclusión es ésta: el asesino solitario, habiendo transportado el cadáver a determinada distancia desde el bosquecillo o desde otro lugar cualquiera, valiéndose de la tira *anudada* en torno a la cintura, vio que el peso, a pesar de este sistema, agotaba sus fuerzas. Decidió entonces arrastrar el cuerpo, y ahí están las huellas que lo confirman. Para conseguir este propósito era necesario atar algo semejante a una cuerda a una de las extremidades, y preferentemente en torno al cuello, porque la cabeza serviría así para impedir que el cuerpo se arrastrase. Evidentemente, el asesino pensó entonces en usar la tira ceñida en torno a la cintura, lo que, sin duda, hubiera hecho *de no* haber estado arrollada alrededor del cuerpo por el apretado nudo que la remataba y debido a que no estaba "arrancada" por completo del vestido. Le era más fácil sacar una nueva tira de las enaguas, y lo hizo así, anudándola en torno al cuello y *arrastrando* de esta forma a su víctima hasta el río. Esta tira, cuya facilidad consistía en estar al alcance inmediato de la mano, pero que no respondía sino imperfectamente a esta misión, fue empleada *tal como está* y demuestra que la necesidad de servirse de ella se debió a la circunstancia de que no había modo de recuperar el pañuelo, según hemos supuesto, luego de haber abandonado el bosque, de haber sido en el bosque, y entre el trayecto comprendido entre aquél y el río.

»Pero dirá usted que la declaración de madame Deluc (!) señala especialmente la presencia de *una banda* de forajidos en las cercanías del bosque a la hora, o alrededor de la hora, en que el asesinato fue cometido. De acuerdo. Me atrevería incluso a creer que había *una docena* de bandas como las que ha descrito madame Deluc, y que se encontraban en aquellos lugares *hacia* la misma hora en que ocurrió la tragedia. Pero la banda que atrajo la señalada animadversión de madame Deluc, aunque su declaración sea un tanto tardía y bastante sospechosa, es la *única* nombrada por esa digna y escrupulosa dama, banda que comió sus pasteles y se bebió su aguardiente sin preocuparse de pagárselo. *Et hinc illae irae?*

»Pero ¿cuáles son los términos concretos de la declaración de madame Deluc? "Apareció en el ventorro una pandilla de malandrines que produjeron gran alboroto. Comieron y bebieron sin pagar, y siguieron después la misma dirección de los jóvenes. Regresaron al merendero *al oscurecer*, y más tarde cruzaron el río rápidamente".

»Pues bien: esta "precipitación" pudo parecer mucho *mayor* a los ojos de madame Deluc, que, con dolor

e inquietud, pensaba en su cerveza y sus pasteles roba-
dos, en la esperanza, que conservó hasta el último momento, de que le fueran pagados. De otro modo, y puesto que se hacía tarde, ¿por qué dio tanta importancia
a la *prisa*? Nada debe sorprender que una banda, aunque esté compuesta por pillos, ponga determinado empeño en regresar *apresuradamente,* cuando tiene que atravesar un río en frágiles embarcaciones y cuando
amenaza la tempestad y la noche *se aproxima*.

»He dicho *se aproxima* porque *aún no era de noche*. Los
castos ojos de madame Deluc se fijaron en la irritante
precipitación de los forajidos *al oscurecer*. Pero, según
han contado madame Deluc y su hijo mayor, oyeron
por la noche gritos de mujer en las cercanías del ventorro. ¿De qué términos se vale madame Deluc para fijar el momento del día en que esos gritos se produjeron? Según ella, *poco después de oscurecer,* pero ese poco
después de oscurecer es, por lo menos, *la noche,* y la palabra *oscurecer* supone aún el día.

»No hay duda alguna, por tanto, de que la banda
abandonó la Barrière du Roule *antes* de haberse oído
los gritos que casualmente (?) oyó madame Deluc. Aunque, en los numerosos informes del sumario, estas dos
expresiones distintas se citen invariablemente, como
yo mismo lo hago en nuestra conversación, ningún periódico ni ningún sabueso de la Policía ha advertido
hasta ahora la gran contradicción en que incurren.

»Únicamente tengo que añadir un argumento contra esa famosa *banda,* pero cuyo peso es, cuando menos
para mí, absolutamente irresistible. En el caso de ofrecer una buena recompensa y el indulto a todo delator
de sus cómplices, ni por un instante se puede pensar
que un individuo cualquiera de *una banda* de malhechores o de una asociación de hombres de cualquier especie no hubiera ya traicionado a sus cómplices desde
hacía mucho tiempo. A todo individuo de una banda
de esta clase le atemoriza más la idea de una *posible trai-
ción* de lo que le seduce la tentación de obtener una recompensa. Cualquiera de ellos traiciona *para que no le*

traicionen. En fin, la mejor garantía de un secreto es la de que no se divulgue. Los horrores de estos asuntos tenebrosos sólo son conocidos por *uno* o dos seres humanos y por Dios.

»Reunamos ahora los hechos, pobres, es verdad, pero positivos, de nuestro largo análisis, ya se trate de un fatal accidente en el ventorro de madame Deluc o de un asesinato cometido en el bosque de la Barrière du Roule por un amante o al menos por un amigo íntimo y secreto de la difunta. Este amigo es de rostro cetrino, lo cual, teniendo en cuenta el nudo corredizo de la cintura y el de las cintas del sombrero, delata a un marino. Su amistad con la difunta —joven un poco casquivana, es cierto, pero no abyecta— nos lo define como un hombre superior por su empleo a un simple marino. Por otra parte, los comunicados urgentes, muy bien escritos, que fueron dirigidos a los periódicos, contribuyen de una forma notable a robustecer nuestra hipótesis. El hecho de una fuga anterior, revelada por *Le Mercure*, nos obliga a identificar en la misma persona al marino y al oficial de Marina, ya conocido por haber hecho incurrir en falta a la desventurada.

»Muy oportunamente se nos ofrece aquí otra consideración, que es la que se refiere a la duración de la ausencia del citado individuo de tez cetrina. Insistimos con respecto a este punto, es decir, a su tez sombría y tostada. Una tez levemente tostada es lo que ha podido, únicamente, constituir el *solo* punto de acuerdo común existente entre Valence y madame Deluc. Ahora bien: ¿por qué este hombre está ausente? ¿Fue asesinado por la banda? De haber ocurrido así, ¿por qué no es posible hallar *más que* huellas de la *muchacha* asesinada? Para los dos crímenes se supone el mismo escenario. Pero el cadáver de él, ¿dónde se encuentra? Sin duda alguna, los asesinos habrían hecho desaparecer a los dos del mismo modo. No, no puede asegurarse que el hombre viva todavía y que lo que le impide darse a conocer sea el temor de ser acusado como autor del crimen.

»En este momento, tardíamente ya, es cuando podemos suponer que una consideración semejante pese vivamente en él, puesto que un testigo asegura haberle visto con Marie. Pero este temor no hubiera influido en modo alguno en la época del crimen. La primera intención de un hombre inocente hubiera sido la de denunciar el hecho y ayudar al descubrimiento de los malhechores. Así lo aconsejaría un *interés* bien entendido. Le vieron con la joven. Cruzó el río con ella en una barca. Hasta a un tonto, la denuncia de los asesinos hubiera parecido el más seguro medio de escapar a las sospechas. En ningún modo podemos suponerle, en la noche fatal del domingo, inocente y no enterado del crimen. No obstante, únicamente en circunstancias imposibles podríamos comprender que, estando vivo, hubiese faltado al deber de denunciar a los criminales.

»¿De qué medios disponemos para llegar a la verdad? A medida que vayamos avanzando los veremos multiplicarse, concretarse. Analicemos ahora la historia, vieja ya, de la primera fuga. Pasemos a enterarnos de la vida de este oficial, como también de las circunstancias actuales que le rodean y de los lugares en que se encontraba precisamente en la época del crimen. Con todo cuidado, comparemos entre sí los distintos comunicados dirigidos al diario de la tarde, en los que se acusaba a *una banda* de malhechores.

»Hecho esto, cotejemos el estilo y la letra de estos comunicados con la letra y el estilo de los manuscritos que fueron dirigidos al periódico de la mañana en época anterior y que tan enérgicamente insistían con respecto a la culpabilidad de Mennais. Después, comparémoslos con los manuscritos conocidos del oficial. Mediante un interrogatorio más minucioso, intentemos obtener de madame Deluc y de sus hijos, así como de Valence, el conductor del ómnibus, algún informe más concreto con respecto al aspecto físico y a las costumbres del hombre de la tez cetrina. Mediante varias preguntas formuladas hábilmente, sin duda alguna podrá obtenerse de algunos de aquellos testigos informes relativos a este punto concreto, o bien a otros; informes que los mismos testigos poseen, probablemente sin saberlo.

»Sigamos luego el rastro de *la barca* que fue recogida por el barquero en la mañana del lunes 23 de junio, y que por descuido del oficial de servicio desapareció *sin timón* del embarcadero en época anterior al descubrimiento del cadáver. Con la perseverancia y cuidado convenientes seguiremos con toda atención a la barca, porque no sólo el barquero que se hizo cargo de ella podría reconocerla, sino que *tenía en su poder el timón*. No es posible que nadie, sea quien sea, abandone deliberadamente y sin causa justificada el timón de un *barco de vela*. Tampoco se publicó *aviso* alguno con respecto al descubrimiento del mismo. En silencio, fue conducido a las oficinas de Navegación, y desapareció también en silencio. Ahora bien: ¿cómo *se explica* que el dueño, o el arrendatario de la barca, pudiera, sin un anuncio público, en una fecha tan próxima como el martes por la mañana, saber que la barca fue hallada el lunes, de no ser que le supongamos relacionado en algún modo con la *Marina,* con relaciones personales y continuas, resultantes del conocimiento de los intereses más mínimos en las más leves noticias locales?

»Al hablar del asesino solitario que arrastraba su fúnebre carga hacia la orilla he insinuado que debió procurarse *una embarcación*. Comprendemos ahora que Marie Rogêt *fue* arrojada desde un barco. Lógicamente, ocurrió así el hecho. El cadáver no debió de confiarse a las aguas bajas de la orilla. Las señales particulares descubiertas en la espalda y en los hombros de la víctima denuncian las traviesas del fondo de un barco.

»El hecho de que se haya encontrado el cadáver sin un peso corrobora nuestra idea, puesto que de haber sido arrojado desde la orilla se lo hubieran atado. Podremos explicarnos su falta únicamente suponiendo que el criminal no hubiera tomado la precaución de procurárselo antes de arrastrar el cuerpo de la víctima.

Incontestablemente, debió advertir su distracción cuando llegó el momento de confiar el cadáver al río. Pero ya no tenía a su alcance nada con que remediar este error, y prefirió arriesgarlo todo antes que volver a la ribera maldita. Libre una vez de su fúnebre carga, el asesino debió regresar precipitadamente hacia la población. Saltó entonces a tierra en algún muelle desierto; pero ¿podría abandonar la barca en un lugar seguro? Para pensar en semejante tontería se sentía más apremiado de lo corriente. Aun cuando la hubiese amarrado a un muelle, hubiera creído dejar allí una prueba comprometedora contra él. Su resolución más lógica debió de ser la de apartar lo más lejos posible de sí todo lo que guardara la menor relación con su delito. No sólo debió de huir del muelle, sino que procuró que *la barca* no se quedara en él, y la lanzó, sin duda alguna, a la deriva.

»Continuemos nuestra idea. A la mañana siguiente el criminal debió experimentar un horror indescriptible. Hallábase en un lugar adonde, tal vez, su deber le llamaba con frecuencia. Por la noche, *sin atreverse a pedir el timón,* hizo que desapareciera. Ahora bien: ¿dónde se encuentra esa barca sin timón? Vamos a descubrirlo, y que sea ella una de nuestras primeras pesquisas. Con la primera aclaración que consignamos se iniciará la aurora de nuestra victoria. Con rapidez, de la que nosotros mismos nos asombraremos, esta barca nos llevará hacia el hombre que la usó en la noche del fatal domingo. La confirmación se aumentará con la propia confirmación, y seguiremos la pista del criminal.

[Por razones que no tenemos en cuenta, ni de las que damos razón, pero que saltan a la vista de nuestros numerosos lectores, nos hemos permitido suprimir aquí, del manuscrito que nos ha sido enviado, la parte en que se desmenuza la investigación realizada *a consecuencia* del indicio aparentemente tan ligero que había descubierto Dupin. Creemos oportuno manifestar tan sólo que el resultado apetecido se logró, y que cumplió el prefecto, aunque no sin repugnancia, los términos de su contrato con el *chevalier*. El artículo de míster Poe concluye así[*]:]

Se comprenderá fácilmente que hablo de simples coincidencias *y nada más*. Debe bastar cuanto he dicho acerca de este asunto. Mi corazón no posee fe alguna con respecto a lo sobrenatural. Ningún hombre capaz de pensar puede sentirse inclinado a negar que la Naturaleza *y* Dios forman un todo único. Que Éste, habiendo creado aquélla, puede a su voluntad gobernarla o modificarla, es cosa también fuera de toda duda. He dicho a su voluntad, porque es una cuestión de voluntad y no de poder, como lógicos absurdos han supuesto. No se trata de que la Divinidad *no pueda* modificar sus leyes, pero, imaginando una necesidad posible, han sido creadas estas leyes para abarcar *todas* las contingencias que *puedan* contenerse en lo futuro, porque para Dios es *presente*.

Repito que hablo sencillamente de estas cosas como de coincidencias. Unas palabras más todavía. En el presente relato se hallará motivo sobrado para establecer un paralelo entre el destino de la desgraciada Mary Cecilia Rogers, por lo menos en cuanto ha sido posible conocer, y el de una tal Marie Rogêt, hasta determinada época de su historia; paralelo este cuya minuciosa y sorprendente exactitud se efectúa para confundir la razón. En efecto, todo esto sorprenderá. Pero que ni un solo instante se suponga que al continuar la triste historia de Marie desde el punto en cuestión, y continuando hasta su *desenlace* el misterio que la rodeaba, he tenido el interés secreto de sugerir una extensión del paralelo o de insinuar que las medidas que fueron adoptadas en París con objeto de descubrir al asesino de una *grisette,* o las fundadas en un método de razonamiento semejante, hayan de producir un resultado parecido.

Porque, por lo que respecta a la última parte de la suposición, hemos de considerar que la más insignificante variación de los elementos de los dos problemas podría

---

[*] Nota de los editores del *magazine* en el que fue publicado primitivamente este artículo.

engendrar graves errores de cálculo, desviando absolutamente las dos corrientes de acontecimientos. Del mismo modo que un error, en aritmética, juzgado aisladamente, puede ser inapreciable, por la fuerza acumuladora de la multiplicación produce a la larga un resultado terriblemente distante de la realidad. Y por lo que se refiere a la primera parte, no olvidemos que este mismo cálculo de probabilidades que he invocado veda toda idea de extensión del paralelo, con un rigor tanto más extendido y exacto. Aquélla es una proposición no normal, que aun cuando pueda parecer resurgir del dominio del pensamiento general, del pensamiento que nada tiene que ver con las matemáticas, hoy sólo ha sido comprendida por los matemáticos. Por ejemplo, nada es hoy más difícil que convencer al lector profano de que si un jugador de dados ha sacado dos veces el seis, una tras otra, constituya este hecho una razón suficiente para apostar en grande que a la tercera vez no volverá a sacar la misma cifra.

Por lo general, una opinión de esta índole suele, desde luego, ser rechazada por la inteligencia. No puede comprenderse cómo dos golpes ya juzgados, desaparecidos en el pasado, pueden influir en el que solamente existe en el futuro. La posibilidad de tener el seis parece ser, precisamente, la que en cualquier momento era; es decir, sometida tan sólo a la influencia de los distintos golpes que pueden volcar los dados. Parece tan perfectamente evidente esta reflexión, que todo esfuerzo llevado a cabo para contrarrestarla se acoge más frecuentemente con una sonrisa burlona que con una cortés condescendencia. El error en cuestión, y es un craso error, fuente en ocasiones de perjuicios, no puede ser criticado dentro de los límites de que aquí dispongo, y los filósofos no lo necesitan. Baste decir tan sólo que este error constituye una parte integrante de una ilimitada serie de sorpresas con las que tropieza la razón a lo largo de su camino, por la propensión funesta de buscar la verdad *en los pormenores*.

LA CARTA ROBADA

Nil sapientiae odiosius acumine nimio.

SÉNECA

En París, justamente después de una oscura y tormentosa noche, en el otoño de 18..., gozaba yo de la doble voluptuosidad de la meditación y de una pipa de espuma de mar, en compañía de mi amigo C. Auguste Dupin, en su pequeña biblioteca privada o gabinete de lectura, situada en el *troisième* del número 33 de la rue Dunôt, en el faubourg Saint-Germain. Durante una hora por lo menos habíamos permanecido en un profundo silencio; cada uno de nosotros, para cualquier casual observador, hubiese parecido intensa y exclusivamente atento a las volutas de humo que adensaban la atmósfera de la habitación. En lo que a mí respecta, sin embargo, discutía mentalmente ciertos temas que habían constituido nuestra conversación en la primera parte de la noche; me refiero al asunto de la rue Morgue y al misterio relacionado con el asesinato de Marie Rogêt. Consideraba yo aquello, por tanto, como algo coincidente, cuando la puerta de nuestra habitación se abrió, dando paso a nuestro antiguo conocido monsieur G***, prefecto de la Policía parisiense.

Le dimos una cordial bienvenida, pues aquel hombre tenía su lado divertido, así como su lado despreciable, y no le habíamos visto hacía varios años. Como estábamos sentados en la oscuridad, Dupin se levantó entonces para encender una lámpara; pero volvió a sentarse, sin hacer nada, al oír decir a G*** que había venido para consultarnos o más bien para pedir opinión a mi amigo sobre un asunto oficial que le había ocasionado muchos trastornos.

—Si es un caso que requiere reflexión —observó Dupin, absteniéndose de encender la mecha—, lo examinaremos mejor en la oscuridad.

—Ésta es otra de sus extrañas ideas —dijo el prefecto, quien tenía la costumbre de llamar «extrañas» a todas las cosas que superaban su comprensión, y que vivía así entre una legión completa de «extrañezas».

—Es muy cierto —dijo Dupin, ofreciendo a su visitante una pipa y arrastrando hacia él un cómodo sillón.

—Y ahora, ¿cuál es la dificultad? —pregunté—. Espero que no sea nada relacionado con el género asesinato.

—¡Oh, no! Nada de eso. El hecho, el asunto, es *muy* sencillo en realidad, y no dudo que podríamos arreglárnoslas bastante bien nosotros solos; pero luego he pensado que a Dupin le agradaría oír los detalles de esto, porque es sumamente *extraño*.

—Sencillo y extraño —dijo Dupin.

—Pues sí, y no es exactamente ni una cosa ni otra. El hecho es que nos ha traído buenos quebraderos de cabeza ese asunto por ser tan sencillo y a la par tan desconcertante.

—Quizá sea la gran sencillez de la cosa la que les induce al error —dijo mi amigo.

—¡Qué insensatez *está* usted diciendo! —replicó el prefecto, riendo de buena gana.

—Quizá el misterio sea un poco *demasiado* sencillo —dijo Dupin.

—¡Oh Dios misericordioso! ¿Quién ha oído nunca semejante idea?

—Un poco *demasiado* evidente.

—¡Ja, ja, ja! ¡Ja, ja, ja! ¡Jo, jo, jo! —gritaba nuestro visitante, enormemente divertido—.¡Oh Dupin, quiere usted hacerme morir de risa!

—¿De qué se trata, a fin de cuentas? —pregunté.

—Pues voy a decírselo —replicó el prefecto, lanzando una larga y densa bocanada de humo y arrellanándose en su asiento—. Voy a decírselo en pocas palabras; pero antes de comenzar, me permito advertirle que se trata de un asunto que requiere el mayor secreto, y que perdería yo, muy probablemente, el puesto que ocupo en la actualidad si se supiera que se lo he confiado a alguien.

—Empiece ya —dije.

—O no empiece —dijo Dupin.

—Bueno; empezaré. Estoy informado personalmente, por fuente muy elevada, de que cierto documento de la mayor importancia ha sido robado de las habitaciones reales. Se sabe quién es el individuo que lo ha robado, esto no admite duda; le han visto robarlo. Y se sabe también que lo tiene en su poder.

—¿Cómo se ha sabido? —preguntó Dupin.

—Se infiere claramente —replicó el prefecto— de la naturaleza del documento y de la no aparición de ciertos resultados que habrían tenido lugar enseguida *si no* estuviese el documento en poder del ladrón; es decir, si fuera utilizado para el fin que debe él proponerse.

—Sea usted un poco más explícito —dije.

—Pues bien: me arriesgaré a decir que ese papel confiere a su poseedor cierto poder en cierto lugar, poder que es de una valía inmensa.

El prefecto era muy aficionado a la jerga diplomática.

—Sigo sin entender absolutamente nada —dijo Dupin.

—¿No? Bueno; la revelación de ese documento a una tercera persona, cuyo nombre silenciaré, pondría en entredicho el honor de alguien del más alto rango, y esto daría al poseedor del documento un poder sobre esa ilustre personalidad, cuyo honor y tranquilidad se hallan así comprometidos.

—Pero ese poder —interrumpí— depende de que el ladrón sepa que la persona robada le conoce. ¿Quién se atrevería...?

—El ladrón —dijo G***— es el ministro D***, que se atreve a todo, lo mismo a lo que es indigno que a lo que es digno de un hombre. El procedimiento del robo es tan ingenioso como audaz. El documento en cuestión (una carta, para ser franco) ha sido recibido por la persona robada estando a solas en el regio *boudoir*. Mientras lo leía cuidadosamente fue interrumpida de pronto por la entrada del otro ilustre personaje, a quien ella deseaba especialmente ocultarlo. Después de precipitados y vanos esfuerzos por meterlo en un cajón, se vio obligada a dejarlo, abierto como estaba, sobre una mesa. La dirección, no obstante, estaba vuelta y el contenido, por tanto, era ilegible; de modo que la carta pasó inadvertida. En ese momento entra el ministro D***. Sus ojos de lince ven enseguida el papel, reconoce la letra y la dirección, observa la confusión de la persona a quien iba dirigido y adivina su secreto. Después de despachar algunos asuntos con la celeridad en él acostumbrada, saca una carta un tanto parecida a la misiva en cuestión, la abre, finge leerla y luego la coloca muy cerca de la otra. Vuelve a conversar durante unos quince minutos sobre los asuntos públicos. Y por último se despide y coge de la mesa la carta a la que no tiene derecho. El legítimo poseedor lo ve; pero, naturalmente, no se atreve a llamar la atención sobre aquel acto en presencia del tercer personaje que está junto a él. El ministro se marcha, dejando su propia carta..., una carta sin importancia..., sobre la mesa.

—Ahí tiene usted —me dijo Dupin—, ahí tiene usted precisamente lo que se requería para que el ascendiente fuese completo: el ladrón sabe que la persona robada le conoce.

—Sí —asintió el prefecto—, y el poder alcanzado así lo han usado con amplitud desde hace algunos meses para sus fines políticos hasta un punto muy peligroso. La persona robada está cada día más convencida de la necesidad de recuperar su carta. Pero esto, sin duda, no puede hacerse abiertamente. Al fin, impulsada por la desesperación, me ha encargado del asunto.

—Era imposible, supongo —me dijo Dupin, entre una perfecta voluta de humo—, elegir e incluso imaginar un agente más sagaz.

—Usted me adula —replicó el prefecto—; pero es posible que hayan tenido en cuenta esa opinión.

—Está claro —dije—, como usted ha hecho observar, que la carta se halla aún en posesión del ministro, puesto que es esa posesión y no el uso de la carta lo que le confiere su poder. Con el uso ese poder desaparece.

—Es cierto —dijo G***—, y con esa convicción he procedido. Mi primer cuidado ha sido efectuar una pesquisa en el hotel del ministro, y allí mi primer apuro ha consistido en cómo buscar sin que él lo supiese. Por encima de todo estaba yo prevenido contra el peligro existente en darle motivo para que sospechase nuestro propósito.

—Pero —dije— se halla usted completamente *au fait**
en estas investigaciones. La Policía parisiense ha hecho eso más de una vez.

—¡Oh, sí! Y por esa razón no desespero. Las costumbres del ministro me proporcionan, además, una gran ventaja. Está ausente con frecuencia de su casa por la noche. No tiene muchos criados. Duermen éstos a cierta distancia de la habitación de su amo, y como son principalmente napolitanos, están siempre dispuestos a emborracharse. Poseo, como usted sabe, llaves con las cuales puedo abrir todos los cuartos o gabinetes de París. Durante tres meses no ha habido una noche cuya mayor parte no la haya dedicado en persona a registrar el hotel de D***. Mi honor está en juego, y, para confiarle un gran secreto, la recompensa es muy crecida. Por eso no he abandonado la búsqueda hasta estar por completo convencido de que ese hombre es más astuto que yo. Creo que he registrado cada escondrijo y cada rincón de la casa en los cuales podía estar oculto el papel.

—Pero ¿no sería posible —sugerí— que, aunque la carta estuviera en posesión del ministro (y lo está, indudablemente), la hubiera escondido él en otra parte que en su propia casa?

—Eso no es posible en absoluto —dijo Dupin—. La situación peculiar actual de los asuntos de la corte, y en especial de esas intrigas en las que D*** está, como

* «Al corriente.» (En francés en el original.)

se sabe, envuelto, hacen de la eficacia inmediata del documento..., de la posibilidad de ser presentado en el momento..., un punto de una importancia casi igual a su posesión.

—¿La posibilidad de ser presentado? —dije.

—Es decir, de ser *destruido* —dijo Dupin.

—De seguro —observé—, ese papel está en la casa. En cuanto a que lo lleve encima el ministro, podemos considerar esta hipótesis de todo punto ajena a la cuestión.

—De todo punto —dijo el prefecto—. Le he hecho atracar dos veces por dos maleantes, y su persona ha sido rigurosamente registrada bajo mi propia inspección.

—Podía usted haberse ahorrado esa molestia —dijo Dupin—. D***, por lo que presumo, no está loco de remate, y, por tanto, ha debido prever esos atracos como cosa natural.

—No está loco *de remate*—dijo G***— pero es un poeta, por lo cual, para mí, se halla muy cerca de la locura.

—Es cierto —dijo Dupin, después de lanzar larga y pensativamente bocanadas de humo de su pipa de espuma—, aunque yo mismo sea culpable de ciertos aleluyas.

—Denos usted —dije— detalles precisos de su busca.

—Pues bien: el hecho es que nos hemos tomado tiempo y hemos buscado *por todas partes*. Tengo una larga experiencia en estos asuntos. Hemos recorrido la casa entera, cuarto por cuarto, dedicando las noches de toda una semana a cada uno. Hemos examinado primero el mobiliario de cada habitación y abierto todos los cajones posibles, y supongo que sabrá usted que para un agente de Policía convenientemente adiestrado un cajón *secreto* no resulta imposible de descubrir. Es un mastuerzo todo hombre que en una pesquisa de ese género permite que un cajón secreto escape a su búsqueda. ¡La cosa es *tan* sencilla! Hay en cada estancia cierta cantidad de volumen —de espacio— del cual puede uno darse cuenta. Tenemos para eso reglas exactas. Ni la quincuagésima parte de una línea puede escápársenos. Después de las habitaciones nos hemos dedicado a las sillas. Los almohadones han sido sondeados con esos finos agujones que me ha visto usted emplear. Hemos quitado los tableros de las mesas.

—¿Y eso para qué?

—A veces el tablero de una mesa o de cualquier otra pieza semejante del mobiliario es levantado por la persona que desea esconder un objeto; ahueca entonces la pata, deposita el objeto dentro de la cavidad y vuelve a colocar el tablero. Los fondos y remates de las columnas de las camas son utilizados para el mismo fin.

—Pero ¿no puede descubrirse ese hueco por el sonido? —pregunté.

—No hay manera si ha sido depositado el objeto envuelto en un relleno de algodón suficiente. Además, en nuestro caso nos veíamos obligados a actuar sin hacer ruido.

—Pero ustedes no han podido quitar, desmontar *todas* las piezas de moblaje en las cuales hubiera sido factible depositar un objeto de la manera que usted ha indicado. Una carta puede ser enrollada en una espiral muy fina, parecidísima en su forma a una aguja de hacer punto, y ser así introducida dentro del palo de una silla, por ejemplo. ¿Han desmontado ustedes las piezas de todas las sillas?

—Ciertamente que no; pero hemos hecho algo mejor: hemos examinado los palos de cada silla en el hotel, e incluso las junturas de toda clase de muebles, con ayuda de un potente microscopio. Si hubiese habido un indicio cualquiera de una alteración reciente, no hubiéramos dejado de descubrirlo al punto. Un solo grano de polvo de berbiquí, por ejemplo, habría aparecido tan visible como una manzana. Cualquier alteración en la cola..., una simple grieta en las junturas..., hubiese bastado para asegurar su descubrimiento.

—Supongo que habrán ustedes examinado los espejos, entre la luna y la chapa, y que habrán registrado las camas y sus ropas, lo mismo que las cortinas y las alfombras.

—Naturalmente, y cuando hubimos examinado cada partícula del mobiliario de ese modo, examinamos la propia casa. Dividimos su superficie entera en compartimentos que numeramos, para que así no se nos olvidase ninguno; después examinamos cada centímetro cuadrado por todas partes, incluyendo las dos casas contiguas, con el microscopio, como antes.

—¡Las dos casas contiguas! —exclamé—. Ha debido usted soportar grandes molestias.

—En efecto; pero la recompensa ofrecida es prodigiosa.

—¿Incluye usted los *suelos* de las casas?

—Todos los suelos son de ladrillo. En comparación, eso nos ha dado poco trabajo. Hemos examinado la tierra entre los ladrillos, encontrándola intacta.

—¿Habrá usted mirado entre los papeles de D***, naturalmente, y dentro de los libros de su biblioteca?

—Por supuesto, hemos abierto cada paquete y cada bulto; no sólo hemos abierto todos los libros, sino que hemos pasado hoja por hoja de cada volumen, no contentándonos con una simple sacudida, según suelen hacer algunos de nuestros oficiales de Policía. Hemos medido también el espesor de cada pasta de libro con la más exacta minuciosidad, aplicando a cada una el más celoso escudriñamiento del microscopio. Si se hubiera introducido algo en una de las encuadernaciones, habría sido del todo imposible que el hecho escapase a nuestra observación. Unos cinco o seis volúmenes, que acababan de salir de manos del encuadernador, fueron cuidadosamente sondeados, en sentido longitudinal, con agujas.

—¿Han explorado ustedes los suelos por debajo de las alfombras?

—Sin duda alguna. Hemos quitado todas las alfombras y examinado las tablas con el microscopio.

—¿Y los papeles de las paredes?

—Sí.

—¿Han registrado los sótanos?

—Lo hemos hecho.

—Entonces —dije—, han incurrido ustedes en un error, y la carta *no está* en la casa, como usted supone.

—Temo que tenga usted razón en eso —dijo el prefecto—. Y ahora, Dupin, ¿qué me aconseja que haga?

—Una investigación concienzuda en la casa.

—Eso es completamente inútil —replicó G***—. Estoy tan seguro de que respiro como de que la carta no se halla en el hotel.

—No tengo mejor consejo que darle —dijo Dupin—. ¿Posee usted, supongo, una descripción exacta de la carta?

—¡Oh sí!

Y aquí el prefecto, sacando una cartera de apuntes, se puso a leernos en voz alta una minuciosa reseña del aspecto interno, y en especial del externo, del documento perdido. Al poco rato de terminar la lectura de aquella descripción, se despidió el buen señor, más decaído de ánimo de lo que nunca le había visto yo hasta entonces.

Un mes después aproximadamente nos hizo otra visita, encontrándonos casi en la misma ocupación que la otra vez. Cogió una pipa y una silla e inició una conversación usual. Por último le dije:

—Bueno, G***; pero ¿qué hay de la carta robada? Supongo que al final se habrá usted resignado a pensar que no es cosa sencilla ganar en astucia al ministro.

—¡Que el diablo le confunda! —dijo él—. Sí, realicé, a pesar de todo, ese nuevo examen que Dupin sugería; pero fue labor perdida, como yo preveía.

—¿A cuánto asciende la recompensa ofrecida de que usted habló? —preguntó Dupin.

—Pues a una gran cantidad...; es una recompensa *muy* generosa... No sé a cuánto asciende exactamente, pero le *diré* una cosa, y es que yo me comprometería a entregar por mi cuenta un cheque de cincuenta mil francos a quien pudiese conseguirme esa carta. El hecho es que la cosa adquiere cada día mayor importancia, y la recompensa ha sido doblada recientemente. Sin embargo, aunque la tripliquen, no podría yo hacer más de lo que he hecho...

—Pues sí —dijo Dupin, arrastrando las palabras, entre las bocanadas de su pipa de espuma—, realmente... creo, G***, que no se ha esforzado usted... todo lo que podía en este asunto. Yo creo que podría hacer un poco más, ¿no?

—¡Cómo!... ¿En qué sentido?

—Pues —dos bocanadas— podría usted —otras dos bocanadas— buscar ayuda sobre esta cuestión, ¿eh? —tres bocanadas—. ¿Recuerda usted la historia que cuentan de Abernethy?

—¡No, maldito Abernethy!

—Con seguridad, al diablo y buen viaje. Pues una vez cierto hombre rico concibió el propósito de obtener gratis una consulta médica de Abernethy. Con tal fin entabló con él en una casa particular una conversación corriente, a través de la cual insinuó su caso al galeno como si se tratase de un individuo imaginario. «Supongamos —dijo el avaro— que sus síntomas son tales y cuales; y ahora, doctor, ¿qué le mandaría *usted* que tomase?». «Pues —dijo Abernethy— le mandaría que tomase... el *consejo* de un médico».

—Pero —dijo el prefecto un poco desconcertado— estoy *por completo* dispuesto a buscar consejo y a pagarlo. Daría *realmente* cincuenta mil francos a quien quisiera ayudarme en este asunto.

—En ese caso —replicó Dupin, abriendo un cajón y sacando un talonario—, puede usted llenarme un pagaré por esa suma. Cuando lo haya usted firmado le entregaré la carta.

Me quedé estupefacto. El prefecto parecía enteramente fulminado. Durante unos minutos permaneció callado e inmóvil, mirando con aire incrédulo a mi amigo, con la boca abierta y los ojos como fuera de las órbitas; luego pareció volver en sí algún tanto, cogió una pluma y, después de varias vacilaciones y miradas vagas, acabó por llenar y firmar un cheque de cincuenta mil francos y se lo tendió por encima de la mesa a Dupin. Este último lo examinó cuidadosamente y se lo guardó en la cartera; después, abriendo un escritorio, sacó de él una carta y se la dio al prefecto. El funcionario la asió con un risible gesto de alegría, la abrió con mano trémula, echó una rápida ojeada a su contenido y luego, aferrando la puerta y forcejeando con ella, se precipitó por fin, sin más ceremonia, fuera de la habitación de la casa, no habiendo pronunciado una sílaba desde que Dupin le había pedido que llenase el cheque.

Cuando hubo salido, mi amigo entró en algunas explicaciones.

—La Policía parisiense —dijo— es sumamente hábil en su oficio. Sus agentes son perseverantes, ingeniosos, astutos, y están versados a fondo en los conocimientos que requieren, sobre todo, sus funciones. Por eso, cuando G*** nos detalló la manera de efectuar las pesquisas en el hotel de D***, tenía yo entera confianza en que habían realizado una investigación satisfactoria hasta donde alcanza su labor.

—¿Hasta donde alcanza su labor? —repetí.

—Sí —dijo Dupin—. Las medidas adoptadas eran no sólo las mejores en su género, sino que habían sido realizadas con una perfección absoluta. Si la carta hubiera sido depositada dentro del radio de sus investigaciones, esos mozos la habrían encontrado, sin la menor duda.

Reí simplemente, pero él parecía haber dicho aquello muy en serio.

—Las medidas, pues —prosiguió—, eran buenas en su género, y habían sido bien ejecutadas; su defecto estaba en ser inaplicables al caso de ese hombre. Hay una serie de recursos muy ingeniosos que son para el prefecto una especie de lecho de Procusto al cual adapta al cabo todos sus planes. Pero yerra a todas horas por excesiva profundidad o por demasiada superficialidad en el caso en cuestión, y muchos colegiales razonan mejor que él. He conocido uno de ocho años de edad cuyo éxito como adivinador en el juego de «pares y nones» causaba la admiración universal. Este juego es sencillo y se juega con bolas. Uno de los participantes tiene en la mano cierto número de esas bolas y pregunta a otro si ese número es par o impar. Si éste lo adivina con exactitud, el adivinador gana una; si yerra, pierde una. El muchacho a quien aludo ganaba todas las bolas de la escuela. Naturalmente, tenía un sistema de adivinación que consistía en la simple observación y en la apreciación de la astucia de sus contrincantes. Por ejemplo, supongamos que su adversario sea un bobalicón y que, alzando su mano cerrada, le pregunta: «¿Nones o pares?». Nuestro colegial replica: «Nones», y pierde; pero en la segunda prueba gana, porque se dice a sí mismo: «El bobalicón había puesto pares la primera vez, y toda su astucia le va a impulsar a poner nones en la segunda; diré, por tanto: "Nones"». Dice «Nones», y gana. Ahora bien: este sistema de razonamiento del colegial, con un adversario un poco menos simple, lo variaría razonando así: «Este chico ve que en el primer caso he dicho "Nones", y en el segundo se propondrá..., es la primera idea que se le ocurrirá..., efectuar una ligera variación de "pares" a "nones", como hizo el bobalicón; pero una segunda reflexión le dirá que es ésa una variación demasiado sencilla, y, por último, se decidirá a poner "pares", como la primera vez. Diré, por tanto: "Pares"». Dice «Pares», y gana. Pues bien: este sistema de razonamiento que emplea nuestro colegial, y que sus camaradas llaman suerte, en último análisis, ¿qué es?

—Es, sencillamente —dije—, una identificación del intelecto de nuestro razonador con el de su contrario.

—Eso es —dijo Dupin—, y cuando pregunté al muchacho de qué manera efectuaba él esa *perfecta* identificación en la cual consistía su éxito, me dio la siguiente respuesta: «Cuando quiero saber hasta qué punto es alguien listo o tonto, hasta qué punto es bueno o malo, o cuáles son en el momento presente sus pensamientos, modelo la expresión de mi cara, lo más exactamente que puedo, de acuerdo con la expresión de la suya, y espero entonces para saber qué pensamientos o qué sentimientos nacerán en mi mente o en mi corazón, como para emparejarse o corresponder con la expresión». Esta respuesta del colegial supera en mucho toda la profundidad sofística atribuida a La Rochefoucauld, a La Bruyère, a Maquiavelo y a Campanella.

—Y la identificación —deduje— del intelecto del razonador con el de su adversario depende, si le comprendo a usted bien, de la exactitud con que el intelecto de su contrincante sea estimado.

—En la evaluación práctica depende de eso —confirmó Dupin—, y si el prefecto y toda su cohorte se han equivocado con tanta frecuencia, ha sido, primero, por carencia de esa identificación, y en segundo lugar, por una apreciación inexacta o más bien por la no apreciación de la inteligencia con la que se miden. No ven ellos más que sus *propias* ideas ingeniosas, y cuando buscan algo escondido, sólo piensan en los medios que hubieran empleado para ocultarlo. Tienen mucha razón en lo de que su propia ingeniosidad es una fiel representación de la *multitud,* pero cuando la astucia del malhechor es diferente de la de ellos, ese malhechor, naturalmente, los engaña... No deja eso nunca de suceder cuando su astucia está por encima de la de ellos, lo cual ocurre muy a menudo, incluso cuando está por debajo. No varían su sistema de investigación; todo lo más, cuando se encuentran espoleados por algún caso insólito..., por alguna recompensa extraordinaria..., exageran y llevan a ultranza sus viejas *rutinas,* pero no modifican en nada sus principios. En el caso de D***, por ejemplo, ¿qué se ha hecho para cambiar el sistema de actuar? ¿Qué son todas esas perforaciones, esas búsquedas, esos sondeos, ese examen al microscopio, esa división de las superficies en centímetros cuadrados y numerados? ¿Qué es todo eso sino exageración, *al aplicarlo,* de uno de los principios de investigación que están basados sobre un orden de ideas referentes a la ingeniosidad humana, y al que el prefecto se ha habituado en la larga rutina de sus funciones? ¿No ve usted que él considera como cosa demostrada que *todos* los hombres que quieren esconder una carta utilizan, si no precisamente un agujero hecho con berbiquí en la pata de una silla, al menos *alguna* cavidad, algún rincón muy extraño, cuya inspiración han tomado del mismo registro de ideas que el agujero hecho con un berbiquí? ¿Y no ve usted también que escondites tan *recherchés** sólo son empleados en ocasiones ordinarias y sólo son adoptados por inteligencias ordinarias? Porque en todos los casos de objetos escondidos esa manera ambiciosa y torturada de ocultar el objeto es, en principio, presumible y presumida; así, su descubrimiento no depende en modo alguno de la perspicacia, sino sólo del cuidado, de la paciencia y de la decisión de los buscadores. Pero cuando se trata de un caso importante, o lo que es igual a los ojos de la Policía, cuando la recompensa es considerable, ve uno como todas esas buenas cualidades no fracasan *jamás*. Comprenderá usted ahora lo que quería yo decir al afirmar que si la carta robada hubiera estado escondida en el radio de investigación de nuestro prefecto —en otras palabras, si el principio inspirador hubiera estado comprendido en los principios del prefecto—, la habría él descubierto de un modo infalible. Sin embargo, ese funcionario ha sido engañado por completo, y la causa principal y original de su derrota estriba en la suposición de que el ministro es un loco, porque ha conseguido hacerse una reputación como poeta. Todos los locos son poetas..., y tan sólo él es culpable de una falsa utilización del término medio al inferir de ello que todos los poetas están locos.

—Pero ¿es realmente poeta? —pregunté—. Sé que son dos hermanos y que ambos han logrado fama en la literatura. El ministro, según creo, ha escrito un libro muy notable sobre el cálculo diferencial e integral. Es un matemático y no un poeta.

—Se equivoca usted; lo conozco muy bien: es poeta *y* matemático. Como poeta y matemático, ha debido de ra-

---

* «Rebuscados.» (En francés en el original.)

zonar con exactitud; como simple matemático no hubiese razonado, y habría quedado así a merced del prefecto.

—Semejante opinión —dije— tiene que asombrarme; está desmentida por la voz del mundo entero. No intentará usted aniquilar una idea madurada por varios siglos. La razón matemática está desde hace largo tiempo considerada como la razón *par excellence**.

—*Il y a à parier* —replicó Dupin, citando a Chamfort— *que toute idée publique, toute convention reçue, est une sottise, car elle a convenu au plus grand nombre***. Los matemáticos..., le concedo esto..., han hecho cuanto han podido por propagar el error popular a que usted alude, el cual, aun habiendo sido propagado como verdad, no por eso deja de ser un error. Por ejemplo, nos han acostumbrado, con un arte digno de mejor causa, a aplicar el término *análisis* a las operaciones algebraicas. Los franceses son los culpables originarios de ese engaño particular; pero si se reconoce que los términos de la lengua poseen una importancia real, si las palabras cobran su valor por su aplicación, ¡oh!, entonces concedo que «análisis» significa «álgebra», poco más o menos, como en latín *ambitus* significa «ambición»; *religio*, «religión», y *homines honesti*, la clase de hombres *honorables*.

—Veo que va usted a tener un choque con algunos de los algebraicos de París, pero continúe.

—Impugno la validez y, por consiguiente, los resultados de una razón cultivada por medio de cualquier forma especial que no sea la lógica abstracta. Impugno especialmente el razonamiento sacado del estudio de las matemáticas. Las matemáticas son la ciencia de las formas y de las cantidades; el razonamiento matemático no es más que la simple lógica aplicada a la forma y a la cantidad. El gran error consiste en suponer

---

* «Por excelencia.» (En francés en el original.)
** «Puede apostarse que toda idea pública, toda convención admitida, es una necedad, porque ha convenido a la mayoría.» (En francés en el original.)

que las verdades que se llaman *puramente* algebraicas son verdades abstractas o generales. Y este error es tan enorme, que me maravilla la unanimidad con que es acogido. Los axiomas matemáticos no son axiomas de una verdad general. Lo que es cierto en una *relación* de forma o de cantidad, resulta a menudo un error craso con relación a la moral, por ejemplo. En esta última ciencia suele ser *falso* que la suma de las fracciones sea igual al todo. De igual modo, en química el axioma yerra. En la apreciación de una fuerza motriz yerra también, pues dos motores que son cada cual de una potencia dada no poseen necesariamente, cuando están asociados, una potencia igual a la suma de sus potencias tomadas por separado. Hay una gran cantidad de otras verdades matemáticas que no son verdades sino en los límites de *relación*. Pero el matemático argumenta, incorregible, conforme a sus *verdades finitas,* como si fueran de una aplicación general y absoluta, valor que, por lo demás, el mundo les atribuye. Bryant, en su muy notable *Mitología,* menciona una fuente análoga de errores cuando dice que, aun cuando nadie cree en las fábulas del paganismo, lo olvidamos nosotros mismos sin cesar, hasta el punto de inferir de ellas deducciones, como si fuesen realidades vivas. Hay, por otra parte, en nuestros algebristas, que son también paganos, ciertas fábulas paganas a las cuales se presta fe y de las que se han sacado consecuencias, no tanto por una falta de memoria como por una incomprensible perturbación del cerebro. En suma, no he encontrado nunca un matemático puro en quien se pudiera tener confianza, fuera de sus raíces y de sus ecuaciones; no he conocido uno solo que no tuviera por artículo de fe que x^2+px es absoluta e incondicionalmente igual a q. Diga a uno de esos señores, en materia de experiencia, si esto le divierte, que cree usted en la posibilidad del caso en que x^2+px *no* sea absolutamente igual a q; y cuando le haya hecho comprender lo que quiere usted decir, póngase fuera de su alcance y con la mayor celeridad posible, pues sin duda alguna intentará acogotarlo.

»Quiero decir —continuó Dupin, mientras yo me contentaba con reírme de sus últimas observaciones— que si el ministro no hubiera sido más que un matemático, el prefecto no se habría visto en la necesidad de firmarme ese cheque. Le conocía yo como matemático y poeta, y había adoptado mis medidas en razón de su capacidad, y teniendo en cuenta las circunstancias en que se hallaba. Sabía yo que era un hombre de corte y un *intrigant* osado. Pensé que un hombre así debía de estar, sin duda, al corriente de los manejos policíacos. Por supuesto, debía de haber previsto —y los acontecimientos lo han demostrado— las asechanzas a que estaba sometido. Me dije que habría previsto las investigaciones secretas en su hotel. Esas frecuentes ausencias nocturnas que nuestro buen prefecto había acogido como ayudas positivas de su futuro éxito, yo las consideraba como simples *tretas* para facilitar la libre búsqueda de la Policía y para persuadirla con mayor facilidad de que la carta no estaba en el hotel. Sentía yo también que toda esa serie de ideas referentes a los principios invariables de la acción policíaca en los casos de busca de objetos escondidos, idea que le expliqué hace un momento no sin cierta dificultad; sentía yo que toda esa serie de pensamientos debieron de desplegarse en la mente del ministro, llevándole imperativamente a desdeñar todos los *escondrijos* usuales. Pensé que *aquel hombre* no podía ser tan cándido que no adivinase que el escondite más intrincado y remoto de su hotel resultaría tan visible como un armario para los ojos, las pesquisas, los berbiquíes y los microscopios del prefecto. Veía yo, en fin, que él debía de haber tendido por instinto a la *sencillez,* si no había sido inducido a ello por su propia elección. Recordará usted acaso con qué carcajadas desesperadas acogió el prefecto mi sugerencia, expresada en nuestra primera entrevista, de que, si este misterio le perturbaba tanto, ello se debía quizá a ser *tan patente.*

—Sí —dije—, recuerdo muy bien su hilaridad. Creí realmente que le iba a dar un ataque de nervios.

—El mundo material —prosiguió— está lleno de analogías muy exactas con el inmaterial, y esto es lo que da cierto tono de verdad a ese dogma retórico de que una metáfora o una comparación pueden fortalecer un argumento e igualmente embellecer una descripción. El principio de la *vis inertiae* o fuerza de la inercia, por ejemplo, parece idéntico en lo físico y en lo metafísico. No es menos cierto, en cuanto a lo primero, que un cuerpo voluminoso se pone en movimiento más difícilmente que uno pequeño, y, en consecuencia, su *momentum* o cantidad de movimiento está en proporción con esa dificultad, y que, en cuanto a lo segundo, los intelectos de amplia capacidad son al mismo tiempo más impetuosos, más constantes y más accidentados en sus movimientos que los de un grado inferior; son los que se mueven con menos facilidad, los más cohibidos y vacilantes al iniciar su avance. Aún más: ¿ha observado usted alguna vez cuáles son las muestras de tiendas en las calles que atraen más la atención?

—No me he fijado nunca en eso —dije.

—Hay un juego de acertijos —replicó él— que se realiza sobre un mapa. Uno de los jugadores pide a alguien que encuentre un nombre dado —el nombre de una ciudad, de un río, de un estado o de un imperio—, cualquier palabra, en suma, comprendida en la extensión abigarrada e intrincada del mapa. Una persona novata en el juego procura, en general, embrollar a sus adversarios indicándoles nombres impresos en letras diminutas; pero los acostumbrados al juego escogen los nombres impresos en gruesos caracteres que se extienden desde una punta a la otra del mapa. Estas palabras, como las muestras y los carteles en letras grandes de la calle, escapan a la observación por el hecho mismo de su excesiva evidencia, y aquí el olvido material es precisamente análogo a la intención moral de una inteligencia que deja pasar las consideraciones demasiado palpables, demasiado patentes. Pero es éste un punto, al parecer, que supera un poco la comprensión del prefecto. No ha creído nunca probable o posible que el ministro haya depositado la carta precisamente ante las narices del mundo entero, como medio mejor de impedir que lo perciba cualquier habitante de ese mundo.

»Pero cuanto más reflexionaba yo en la atrevida, arrojada y brillante ingeniosidad de D*** sobre el hecho de que debía de tener siempre *a mano* el documento para intentar utilizarlo de acuerdo con su propósito, y también sobre la evidencia decisiva lograda por el prefecto de que ese documento no estaba escondido dentro de los límites de una investigación ordinaria y en regla, más convencido me sentía de que el ministro había recurrido, para esconder su carta, al modo más amplio y sagaz, que consistía en no intentar esconderla en absoluto.

»Convencido de tales ideas, me puse unas gafas verdes y llamé una mañana, como por casualidad, en el hotel del ministro. Encontré a D*** bostezando, holgazaneando y perdiendo el tiempo, como de costumbre, pretendiendo estar aquejado del más abrumador *ennui**. Es él, tal vez, el hombre más enérgico que existe hoy, pero únicamente cuando no le ve nadie.

»Para ponerme a tono con él, me lamenté de la debilidad de mis ojos y de la necesidad que tenía de usar gafas; pero a través de aquellas gafas examiné cuidadosa y minuciosamente la habitación entera, aunque pareciendo estar atento tan sólo a la conversación del dueño de la casa.

»Dediqué una atención especial a una amplia mesa de escritorio junto a la cual estaba él sentado, y sobre cuyo tablero veíanse reunidas en una mezcolanza varias cartas y otros papeles, con uno o dos instrumentos de música y algunos libros. Después de aquel largo y cauto examen, no vi allí nada que excitase una especial sospecha.

---

* «Tedio, hastío, aburrimiento.» (En francés en el original.)

»Por último, mis ojos, al recorrer en torno la habitación, cayeron sobre un tarjetero de cartón con filigrana de baratija, colgado por una cinta azul sucia de una anilla, encima justamente de la chimenea. Aquel tarjetero con tres o cuatro compartimentos contenía cinco o seis tarjetas de visita y una carta solitaria. Esta última estaba muy sucia y arrugada y casi partida por la mitad, como si hubiera tenido el propósito en un primer impulso de romperla por completo como un papel inútil y hubiese luego cambiado de opinión. Tenía un ancho sello negro con la inicial D*** *muy* a la vista, y estaba dirigida, con una letra pequeña, al propio ministro. La habían puesto allí con cuidado, e incluso, al parecer, con desprecio, dentro de uno de los compartimentos superiores del tarjetero.

»Apenas eché una ojeada sobre aquella carta llegué a la conclusión de que era la que yo buscaba. Evidentemente, resultaba en su aspecto por completo distinta de aquella de la cual nos había leído el prefecto una descripción tan minuciosa. En ésta, el sello era ancho y negro, con la inicial D***; en la otra, era pequeño y rojo, con el escudo ducal de la familia S***. En ésta, la dirección al ministro estaba escrita con una letra diminuta y femenina; en la otra, la dirección a una persona regia aparecía trazada con una letra a todas luces resuelta y personal. El tamaño era su único punto de semejanza. Pero el carácter *excesivo* de estas diferencias, fundamentales en realidad, la suciedad, el estado deplorable del papel, arrugado y roto, que estaban en oposición con las *verdaderas* costumbres de D***, tan metódicas, y que revelaban el propósito de desconcertar a un indiscreto, presentándole las apariencias de un documento sin valor; todo esto, a lo que debe añadirse la colocación descarada del documento, puesto de lleno ante los ojos de todos los visitantes y ajustándose con tanta exactitud a mis conclusiones anteriores; todo esto, repito, corroboraba con ahínco todas las sospechas de alguien que acudiese con intención de sospechar.

»Prolongué mi visita el mayor tiempo posible, y mientras sostenía una discusión muy animada con el ministro sobre un tema que sabía yo que le interesaba en grado sumo, mantuve mi atención fija sobre la carta. Durante ese examen recordaba yo su aspecto exterior y la manera de estar colocada en el tarjetero; y al final hice también un descubrimiento que disipó la ligera duda que podía quedarme aún. Al examinar los bordes del papel observé que estaban más *deteriorados* de lo que parecía procedente. Presentaban el aspecto *roto* de un papel duro que, habiendo sido doblado y aplastado por la plegadera, es doblado en sentido contrario, aunque por los mismos pliegues que constituían su primera forma. Este descubrimiento me bastó. Era evidente para mí que la carta había sido vuelta como un guante, plegada de nuevo y lacrada otra vez. Di los buenos días al ministro y me despedí seguidamente de él, dejando una tabaquera de oro sobre la mesa.

»A la mañana siguiente volví a buscar la tabaquera y reanudamos, desde luego, la conversación del día anterior. Mientras la sosteníamos, una fuerte detonación, como de un pistoletazo, se oyó debajo mismo de las ventanas del hotel, seguida de los gritos y vociferaciones de una multitud aterrada. D*** se precipitó hacia una ventana, la abrió y miró hacia abajo. Aproveché la ocasión y fui hacia el tarjetero, cogí la carta, la guardé en mi bolsillo y la sustituí por un *facsímil* (en cuanto al aspecto exterior) que había yo preparado con todo cuidado en mi casa, imitando la inicial D*** fácilmente por medio de un sello de miga de pan.

»El alboroto en la calle había sido causado por el capricho insensato de un hombre armado de una escopeta. Había éste disparado en medio de un gentío de mujeres y de niños. Pero como no estaba cargada con bala, el individuo fue tomado por loco o por borracho y le permitieron seguir su camino. Cuando se marchó, D*** se retiró de la ventana, adonde le había yo seguido sin tardanza después de haberme asegurado de que tenía la carta en cuestión. A los pocos instantes me despedí de él. El presunto loco era un hombre pagado por mí.

—Pero ¿qué se proponía usted —pregunté— al sustituir la carta por un *facsímil*? ¿No hubiera sido mejor cogerla simplemente a raíz de su primera visita y haberse ido?

—D*** —replicó Dupin— es un hombre decidido y de gran temple. Además, tiene en su hotel criados fieles a sus intereses. De haber efectuado yo esa tentativa violenta que usted sugiere, no habría salido con vida de su casa. El buen pueblo de París no hubiera oído hablar más de mí. Pero, aparte de estas consideraciones, tenía yo un fin. Ya conoce usted mis simpatías políticas. En este asunto obré como partidario de la dama en cuestión. Hacía dieciocho meses que el ministro la tenía en su poder. Es ella ahora quien le tiene bien cogido, ya que él ignora que la carta no está en su posesión, y querrá utilizarla para su chantaje habitual. Va a buscarse él mismo, y en breve, su ruina política. Su caída será tan precipitada como embarazosa. Se habla sin más ni más del *facilis descensus Averni;* pero en materia de ascensiones, como decía la Catalani del canto, es más fácil subir que bajar. En el caso presente no tengo simpatía alguna, ni siquiera piedad, por el que baja. D*** es el *monstrum horrendum,* un hombre genial sin principios. Le confieso, con todo, que me gustaría mucho conocer el carácter exacto de sus pensamientos cuando, retado por la que el prefecto llama «cierta persona», se vea obligado a abrir la carta que dejé para él en su tarjetero.

—¡Cómo! ¿Es que ha puesto usted algo especial en ella?

—¡Ya lo creo! No he creído conveniente dejar el interior en blanco: eso habría parecido un insulto. D*** me jugó una vez, en Viena, una mala pasada, y le dije en tono de buen humor que me acordaría de aquello. Por eso, como yo estaba seguro de que él sentiría cierta curiosidad por identificar a la persona que le había ganado en astucia, pensé que era una lástima no dejarle algún indicio. Conoce él muy bien mi letra, y copié, exactamente en mitad de la página en blanco, estas palabras:

... Un dessein si funeste,
S'il n'est digne d'Atrée, est digne de Thyeste[*].

Las encontrará usted en el *Atrée* de Crébillon.

---

[*] «Tan funesto designio, si no es digno de Atreo, digno, en cambio, es de Tiestes.» (En francés en el original.)

Este libro se terminó de
imprimir en los talleres gráficos
de Mateu Cromo, S. A., Pinto, Madrid, España,
en el mes de febrero de 2004